AF311022

X

(C.)

MÉTHODE MNÉMONIQUE
POLONAISE,
Perfectionnée à Paris.

APPLICATION AUX LANGUES.

GRAMMAIRE FRANÇAISE.

METHODE MNEMONIQUE

POLONAISE,

PERFECTIONNÉE A PARIS.

Application aux Langues.

GRAMMAIRE FRANÇAISE,

ADOPTÉE PAR LA SOCIÉTÉ LITTÉRAIRE POUR LA PROPAGATION

DE LA MÉTHODE MNÉMONIQUE POLONAISE,

PERFECTIONNÉE A PARIS

Par Mesdemoiselles CLAIR.

PRIX : 3 FR.

A PARIS,

CHEZ LES PRINCIPAUX LIBRAIRES,

ET CHEZ LES AUTEURS, RUE SAINT-HONORÉ, 67.

1838.

Imprimerie de J.-R. MEVREL, passage du Caire, 54.

Extrait du **Rapport** fait par **M**. **GILLET-DAMITTE**, à la société littéraire ,pour la propagation de la **Méthode** mnémonique polonaise , perfectionnée à **Paris**, au nom de la commission chargée d'examiner la **Grammaire Française**, appliquée à cette méthode, par **M**[lles] **CLAIR**, professeurs à **Paris**.

MESSIEURS ,

Au moment où chaque jour l'enseignement grammatical s'épure , s'élargit et s'enrichit de données nettes et positives , élaguant les subtilités et se retranchant dans les principes assurés de la grammaire générale , c'est un fait satisfaisant à noter que le travail consciencieux de Mlles *Clair ; votre commission est heureuse de les féliciter de leur entreprise , dans laquelle se fait remarquer une connaissance des élémens grammaticaux non moins étudiés par les auteurs que la méthode mnémonique polonaise.*

Le livre de Mlles *Clair se divise en trois parties.*

1° La lexicologie , qui traite des diverses espèces de mots , et les classe suivant les fonctions qu'elles remplissent dans le discours.

2° La lexicographie , ou orthographe , qui apprend comment on doit les écrire.

3° La syntaxe , qui a pour objet leur emploi , leur

concordance, et qui règle la place qu'ils doivent occuper dans la proposition et la phrase.

Ce cadre est celui qui est aujourd'hui généralement admis, il n'y a donc ici rien de nouveau; ce qu'il y a de nouveau, et ce qui a paru d'un bon enseignement, c'est la méthode qui préside au développement de ces trois sections.

Étrangères aux débats scolastiques, Mlles Clair ont senti par ce tact habile qui les distingue, tout ce que l'enseignement, par les faits, a de naturel; aussi est-ce cet enseignement qu'elles ont très judicieusement consacré dans leur travail. Chaque élément est fourni par une phrase sacramentelle qui précède toute application. De cette phrase, toujours heureusement choisie, se déduit la règle, comme on remonte du fait à la cause; de cette phrase surgit, quand il est besoin, la définition, comme d'ordinaire, on opère sur une donnée. De la sorte, la grammaire, dont votre commission, messieurs, a l'honneur de vous entretenir, pourrait se résumer dans une série de phrases choisies, empruntées à nos meilleurs auteurs, soit prosateurs, soit poètes, et fournissant à l'esprit, tantôt une sentence morale, tantôt un trait fin et élégant et toujours une instruction utile.

Votre commission, messieurs, n'a pas jugé nécessaire de vous initier ici dans tous les détails du travail qui nous occupe; peut-être aurait-elle à engager avec les auteurs une discussion sur plusieurs points et à critiquer certaines définitions qui lui ont paru laisser quelque chose à désirer; mais ces défauts, si défaut il y a, sont rares et de peu d'importance. Quoiqu'il en soit, une grande clarté règne dans ce livre, que recommande une précision sans aridité et un enchaînement exempt de longueurs, souvent plus nuisibles que profitables à l'élève, et les auteurs vous offrent un travail gracieux et naïf, où l'élève, la jeune fille surtout, ne trouvera rien qu'elle ne puisse comprendre, par conséquent rien qu'elle ne puisse apprendre et retenir; car Mlles Clair ont limité habilement leurs explications, se contentant de les énoncer clairement, de les préciser et de les ordonner avec une justesse de vue et une méthode habile et expérimentée.

Ici, messieurs, s'est présenté à la commission une question d'une certaine gravité. La grammaire étant une science de raisonnement, une science qui emprunte le secours de la méthaphysique, cette partie si délicate de la philosophie; est-il possible, s'est demandé la commission, d'appliquer une méthode mnémonique à un art de raisonnement? n'y a-t-il pas danger, s'est encore demandé la commission, de donner un aliment certain de critique aux esprits prévenus? de trahir les intérêts d'une méthode dont l'efficacité est reconnue?

Deux choses sont à considérer, messieurs, dans un enseignement: les faits et leur corrélation, les choses et leur enchaînement, leur déduction, leurs conséquences, Enseigner les faits, c'est poser les bases de l'édifice, établir la corrélation des parties, c'est engendrer l'harmonie des rapports, c'est créer la philosophie de cet enseignement; pas d'enseignement sans faits élémentaires, pas d'enseignement sans intelligence des rapports entre ces faits. De là vient que chaque science porte sa nomenclature et présente ses raisonnemens, soit que cette nomenclature offre une série de définitions comme la géométrie, au dire de l'immortel Buffon; soit que moins abstraite elle subsiste, par les faits, comme toutes les procréations du grand maître de l'univers. Cela posé, messieurs, votre commission a compris que si la grammaire bien entendue doit être enseignée par les faits, ces derniers constituent une série, une nomenclature, qui peut, qui doit s'apprendre comme la chronologie; que dès lors la méthode polonaise doit avoir autant de puissance pour enregistrer dans la mémoire des enfants les faits grammaticaux, que les actes chronologiques.

D'après ces considérations, messieurs, votre commission a l'honneur de vous proposer.

1° D'adopter la grammaire de Mlles Clair, de la classer parmi les publications que la société littéraire autorise, et de la considérer comme une bonne application à la méthode polonaise.

2° De voter des encouragements aux auteurs déjà si recommandables par leurs succès.

Paris, le 31 janvier 1838.

Le Rapporteur,

Signé : GILLET-DAMITTE.

Vu par le Président de la Société, signé : TAILLEFER.

Signé : Auguste TAILLEFER,

Membre de la Commission.

INTRODUCTION.

La supériorité de la Méthode mnémonique polonaise, perfectionnée à Paris, sur tous les autres modes d'enseignement, n'est plus mise en question. Le public a souvent pu juger, par lui-même, que cette méthode abrége le temps des études en les rendant agréables, et permet d'arriver à un point de perfection qui doit fixer d'une manière durable, dans la mémoire fugitive de l'homme, toutes les choses qui ont été apprises par son secours.

Un des caractères particuliers de la méthode polonaise est de mettre un tel ordre dans toutes les connaissances acquises, qu'on s'aperçoit aisément lorsqu'un des faits manque à l'appel, et il est si difficile de lui faire reprendre la place qu'il occupait dans la mémoire, qu'on peut véritablement dire que ce qu'on apprend ainsi est appris pour toujours.

A mesure que la méthode polonaise a pris de nouveaux développemens, on a senti qu'on devait profiter de ses avantages pour l'appliquer à la chose la plus essentielle, à la grammaire; car, avant tout, il faut savoir sa langue. Nous avons donc dû céder au désir des personnes dont le zèle a contribué à ce que la méthode ne fût pas perdue pour la France, et nous charger de ce travail.

Pour cela, nous n'avons eu qu'à mettre dans un certain ordre les règles établies par nos meilleurs grammairiens.

Nous supposons que les personnes qui voudront se servir de cette grammaire connaissent le Carré polonais, base de toutes les applications de la méthode, cette connaissance, du reste, s'acquiert en moins d'une demi-heure.

x

Dans cette application, nous nous sommes entièrement con-
formées aux idées de M. Jawinski, inventeur de la méthode,
sous la direction duquel nous avons travaillé pendant son sé-
jour à Paris. Nous avons donc inscrit, dans les cases successives
du carré, les phrases qui rappèlent les règles et qui forment
quatre tableaux, dont nous allons tâcher d'expliquer l'usage le
plus clairement qu'il nous sera possible.

Les exemples qui se trouvent inscrits dans les cases des tableaux doivent être appris par cœur. Le professeur aura soin de
fixer l'attention des élèves sur les parties de phrases ou sur les
mots qui sont en *caractères italiques* car ce sont eux qui servent à rappeler les règles que le professeur développera.

Il serait bon, toutes les fois que cela est possible, d'amener
les élèves, dont il est très important d'exercer le jugement, à
trouver eux-mêmes les règles ou les définitions qu'indiquent
les exemples.

L'emploi des couleurs sert à faire connaître la classification ;
ainsi la même couleur revient autant de fois qu'il est question
de la classe qu'elle indique. Les cinq couleurs primitives, c'est-
à-dire le rouge, le jaune, lé vert, le bleu et le violet, sont employées dans cet ordre ; mais comme elles ne suffisaient pas, on
les a répétées dans des teintes moins fortes.

Par exemple, le jaune foncé indique le substantif et le jaune
pâle la préposition ; ces couleurs reviennent, dans chaque partie
de la grammaire, toutes les fois qu'il est question de ces espèces
de mots, ce qui fait voir à l'élève le nombre de règles, soit d'orthographe, soit de syntaxe, qui concernent le substantif et la
préposition.

Dans l'étude des verbes, les couleurs ont aussi été employées
pour distinguer les différens modes. La terminaison est séparée
du radical, de manière que l'examen attentif du tableau représentant un verbe, doit mettre l'élève dans le cas de les conjuguer
tous sur celui qui sert de modèle. Les couleurs lui font voir,
d'un coup d'œil, combien il y a de modes, le nombre de cases
employées pour les modes lui fait connaître le nombre de temps
de chacun d'eux avec la même facilité ; car tout ce qui est rendu
sensible est bien vîte compris, et les yeux aident la mémoire
d'une manière incontestable.

Pour les verbes irréguliers, nous avons fait une série de tableaux, représentant seulement les temps de ces verbes, qui offrent quelques irrégularités, en sorte que l'élève pourra conjuguer les autres temps d'après les verbes modèles, et retiendra facilement les temps irréguliers de chaque verbe que son carré lui représentera toujours.

Qu'il nous soit permis, avant de terminer, d'offrir ici le tribut de notre reconnaissance, à ceux de Messieurs les Membres de la société pour la propagation de la méthode mnémonique polonaise, perfectionnée à Paris, qui ont bien voulu nous aider de leurs bons conseils; et dont les encouragemens ont pu seuls nous décider à publier cet ouvrage.

𝕰rrata.

Pages		N⁰ˢ	Lignes		Lisez	
Pages 16	N⁰ˢ 72	Lignes 25	prénom	Lisez pronom.

<table>
<tr><td>Pages 16</td><td>N°s 72</td><td>Lignes 25</td><td>prénom</td><td>Lisez pronom.</td></tr>
</table>

GRAMMAIRE

FRANÇAISE.

CHAPITRE Ier.

NOTIONS PRÉLIMINAIRES.

Surtout qu'en vos écrits la langue révérée,
Dans vos plus grands excès vous soit toujours sacrée.

BOILEAU.

On exprime ses pensées par trois sortes de moyens, le geste, la parole, l'écriture.

La Grammaire est l'art par lequel on apprend à parler et à écrire correctement.

Il y a deux sortes de Grammaire : l'une *générale*, qui traite des principes communs à toute espèce de langue ; l'autre *particulière*, qui enseigne les règles d'une langue spéciale.

2   Toute Grammaire établie sur les bases d'une saine logique, se divise en trois parties essentielles : la *lexicologie*, la *lexicographie* ou orthographe, et la *syntaxe*.

1° La *lexicologie*, qui enseigne à distinguer les diverses espèces de mots et à les classer suivant les fonctions qu'ils remplissent dans le discours.

2° La *lexicographie*, ou orthographe, qui apprend comment on doit les écrire.

3° La *syntaxe* qui a pour objet leur emploi, leur construction, leur concordance, et qui règle la place qu'ils doivent occuper dans la *proposition* et la *phrase*.

3   L'expression la plus simple de la pensée, soit par la voix, soit par l'écriture, s'appèle *mot*.

Les mots sont donc les signes des idées ; une idée est dans l'esprit, la perception de l'image d'un objet.

Les mots sont composés de syllabes, et les syllabes de lettres, les lettres se divisent en voyelles et en consonnes.

Les voyelles sont principalement au nombre de six :

a, e, i, o, u, y.

Les consonnes sont : *b, c, d*, etc.; leur réunion forme ce qu'on appèle l'Alphabet.

4   D'où vous vient aujourd'hui cet air sombre et sévère.
BOILEAU.

Il y a en français trois sortes d'*e* : l'*è* ouvert, l'*é* fermé et l'*e* muet; on les trouve tous les trois dans le mot *sévère*.

Le premier *é* de *sévère* est fermé, c'est pourquoi il est marqué d'un accent aigu; la seconde syllabe *vè* a un accent grave, c'est le signe de l'*è* ouvert; *re* n'a point d'accent, parce que l'*e* y est muet.

5   Je plains l'homme accablé du *poids* de son *loisir*.
VOLTAIRE.

On appèle *diphtongue* la réunion intime de deux sons distincts prononcés en une seule émission de voix, comme dans les mots *lui, toi, loin, lieu*.

6.   *Ami.*

Une syllabe est formée d'une voyelle seule, ou d'une voyelle jointe à d'autres lettres, qui se prononce par une seule émission de voix.

7   Un *bon ami* est un *véritable* trésor.

On appèle *monosyllabe* un mot d'une syllabe, comme *bon*; *dissyllabe* celui de deux, comme *ami*; et enfin *polysyllabe* tout mot formé de plusieurs syllabes, comme *véritable*.

CHAPITRE II.

PREMIÈRE PARTIE.

LA LEXICOLOGIE.

8   Les mots qui composent la langue se divisent en différentes classes que la *lexicologie* détermine, et qu'on appèle parties du discours.

Ces classes forment deux sections.

La première section comprend les *mots variables*.
La seconde les *mots invariables*.

PREMIÈRE SECTION. — *Mots variables.*

Le substantif;
L'article;
L'adjectif;
Le pronom;
Le verbe.

DEUXIÈME SECTION. — *Mots invariables.*

La préposition;
L'adverbe;
La conjonction;
L'interjection.

Du Substantif.

9   Le *livre* de *Charles.*

Le nom ou substantif est un mot qui sert à nommer une personne ou une chose.

De l'Article.

10   *La* clé *du* jardin.

L'article est un petit mot qui détermine les substantifs.

De l'Adjectif.

11   Ma *bonne* sœur est arrivée.

On appèle *adjectif* tout mot qui est joint au substantif pour en modifier la signification par l'idée d'une qualité.

Du Pronom.

12   Je *vous* écoute mieux qu'*elle.*

Le *pronom* est un mot qui rappèle le nom et en évite la répétition.

Du Verbe.

13   Joseph *lit.*

Il y a des mots qui expriment l'action ou l'état des personnes et des choses, on les appelle *verbes*, mot qui signifie parole, parce qu'il est essentiel à l'énonciation de la pensée.

De la Préposition.

14   L'encrier est *sur* la table.

Sur est une préposition, parce que ce mot sert à exprimer le rapport qui existe entre *encrier* et *table.*

De l'Adverbe.

15   Il lit *beaucoup.*

On appèle *adverbe* tout mot qui, comme dans cet exemple, se joint au verbe pour en modifier la signification, ainsi *beaucoup* modifie la signification du verbe *lire.* L'adverbe modifie également la signification de l'adjectif et de l'adverbe lui-même.

De la Conjonction.

16   Paul pleure *et* rit en même temps.

Le mot *et* qui joint ces deux propositions est une *conjonction.*

De l'Interjection.

17   *Ah* ! quel plaisir de vous revoir.

Tout mot qui exprime un sentiment subit de l'âme, comme la joie ou la douleur, est une *interjection.*

CHAPITRE III.

Du Substantif.

18   La *ville* de *Bordeaux.*

L'examen des substantifs les fait diviser en deux espèces, le substantif *commun* et le substantif *propre.*

Substantif commun.

Le substantif commun est celui qui convient à toute une classe d'êtres semblables, comme *homme, ville, fleuve,* etc.

Substantif propre.

Le substantif propre est celui qui sert à distinguer un être d'un autre, comme *César, Bordeaux,* le *Rhône.*

Substantif collectif.

19   Vive Philippe ! vive le roi Auguste ! s'écrie toute *l'armée.*

Parmi les substantifs communs on distingue les substantifs collectifs qui marquent la réunion de plusieurs êtres, comme *armée, troupeau, église* (assemblée des fidèles), *bibliothèque, peuple.*

Du genre du Substantif.

20   Dieu créa l'*homme* et la *femme* à son image.

On distingue deux genres, le *masculin* et le *féminin* ;
le *masculin* appartient aux hommes, aux animaux mâles,
et à divers objets inanimés : *homme*, *cheval*, *chapeau*.
Le *féminin* appartient aux femmes, aux animaux femelles
et à divers objets inanimés, *femme*, *colombe*, *fleur*.

Du nombre des Substantifs.

21   Le *loup* et les *agneaux*.

On peut parler d'un seul être ou de plusieurs ; pour distinguer ces deux circonstances, on a appliqué les idées de
nombre. Il y en a deux, le *singulier* qui exprime l'unité,
le *pluriel* qui exprime la pluralité.

Substantifs composés.

22   Dieu dit à Noé : L'*arc-en-ciel* sera le signe de l'al-
liance que je fais avec vous.

On appèle *substantifs composés* certains termes dans
la composition desquels il entre plusieurs mots, dont la
réunion forme un sens équivalent à un substantif, comme
Hôtel-Dieu, qui équivaut à hôpital ; *petit-maître* à fat,
garde-manger à buffet, *arc-en-ciel* à Iris, etc.

Substantifs indéterminés.

23   *On* ne surmonte le vice qu'en le fuyant.

On appèle *substantifs indéterminés* certains mots qui
ont pour fonction de désigner les personnes et les choses
sans les particulariser, tels que : *on*, syncope du mot
homme, car on croit que nos ancêtres ont dit d'abord :
homme a fait cela, ensuite *hom*, et enfin *on* a fait cela,
et *chacun, personne, autrui, quiconque, rien*, etc.

Substantifs accidentels.

24   *Mentir* est honteux.

On appèle *substantifs accidentels* des expressions qui
remplissent, accidentellement, la fonction du substantif,
comme dans la phrase ci-dessus et dans d'autres analogues :
Elle poussa des *hélas !* vos *pourquoi* m'embarrassent, etc.

Substantifs physiques et métaphysiques.

25   Cet *arbre* est chargé de *pommes.*

Les substantifs comme *arbre, pommes,* sont physiques, parce que nous les connaissons au moyen de nos sens, qui sont : 1° la vue, 2° l'ouie, 3° le toucher, 4° l'odorat, 5° le goût.

26   La *puissance* de *Dieu* est infinie.

D'autres sont métaphysiques, parce que nous ne pouvons les apprécier qu'au moyen de nos facultés intellectuelles qui sont : 1° l'attention, 2° la comparaison, 3° le jugement, 4° la mémoire, 5° l'imagination.

CHAPITRE IV.

De l'Article.

27   *Le* roi, *la* reine, *les* hommes.

L'article est un petit mot qu'on place devant les substantifs communs pour les déterminer à indiquer des individus ; il rentre dans les adjectifs déterminatifs.

28   Il va *au* jardin cueillir *des* violettes.

On divise l'article en *article simple* et en *article composé.*

L'article simple est le, la, les.

L'article composé au, aux, du, des.

Nous nous servons de *le* avant les noms masculins au singulier : *le* Roi, de *la* avant les noms féminins au singulier : *la* Reine, et de *les* devant les noms pluriels des deux genres : *les* Rois, *les* Reines.

C'est en contractant avec la préposition *à* et la préposition *de* les trois articles simples, *le, la, les,* que nous avons formé les quatre articles composés : *au, aux, du, des ; au* est mis pour *à le, du* pour *de le,* etc.

De l'Elision.

29   Ni l'or, ni la grandeur ne nous rendent heureux.

LAFONTAINE.

On supprime la voyelle de l'article et on la remplace par un petit signe (') appelé apostrophe, toutes les fois qu'il précède un mot commençant par une voyelle, comme dans *l'or.*

Cette suppression s'appèle *élision*; elle a lieu aussi devant les mots commençant par un *h* muet : l'*honneur*.

L'*élision* est employée pour éviter l'hiatus, c'est-à-dire la rencontre de deux voyelles.

CHAPITRE V.

De l'Adjectif.

30   Un homme *vertueux*.

Le mot *adjectif* signifie ajouté. En effet, l'*adjectif* est un mot qu'on ajoute au nom pour en modifier la signification par l'idée d'une qualité.

On remarque différentes espèces d'adjectifs qui sont compris sous la dénomination générale d'adjectifs déterminatifs.

Ils précèdent toujours les substantifs, s'accordent avec eux, et en désignent le nombre : comme le, la, les, du, des, ce, cette, mon, ma, ton, etc.

Degrés de signification dans les adjectifs.

31   Un enfant *sage* et *laborieux* est aimé de tout le monde.

Les adjectifs sont susceptibles d'exprimer plusieurs degrés dans les qualités ou dans les circonstances qu'ils présentent; ce qui établit différens degrés de qualification.

On en distingue trois : le positif, le comparatif et le superlatif.

Le positif est l'adjectif dans sa simple signification.

32   Le bien est *plus ancien*, dans le monde, que le mal.
DAGUESSEAU.

Le comparatif est l'adjectif avec comparaison.

Il y a trois sortes de comparatifs.

Plus ancien, comparatif de supériorité.

Moins ancien, comparatif d'infériorité.

Aussi ancien, comparatif d'égalité.

On voit que ces comparatifs se forment en faisant précéder l'adjectif des mots *plus, moins, aussi*; ces mots sont des adverbes auxquels on pourrait donner le nom d'adverbes de gradation.

33   Ceci est *bon*, mais cela est *meilleur*.

Nous n'avons que trois adjectifs qui expriment seul une comparaison : *meilleur*, *moindre* et *pire*.

Meilleur est le comparatif de *bon*, il s'emploie pour *plus bon* qui ne se dit pas.

Moindre pour plus petit.

Pire pour plus mauvais.

34   Ce palais est *très beau*.

On distingue deux sortes de superlatif, le superlatif *absolu* et le superlatif *relatif*.

Le superlatif *absolu* exprime la qualité portée à un très haut degré, soit ascendant, soit descendant, et se forme en faisant précéder l'adjectif des mots : *très, fort, extrêmement, infiniment*, etc.

55   La prospérité est *la plus forte* épreuve de la sagesse.

LAHARPE.

Le superlatif *relatif* exprime la qualité portée au plus haut degré, avec comparaison.

On voit qu'il se forme en plaçant l'article *le, la, les* et l'adverbe *plus* devant l'adjectif; il ne faut pas le confondre avec le comparatif de supériorité qui n'est jamais précédé de l'article; mais il renferme toujours une comparaison.

L'homme *le plus riche* de la ville.

36   Ces fruits sont *exquis*.

Parmi les adjectifs, il en est qu'on appèle adjectifs *absolus*, parcequ'ils portent toujours l'idée du superlatif, sans être précédés de *très* ni de *le plus*, ce sont : *divin, délicieux, sublime, suprême, inouï, universel, immense, infini, exquis, etc.* On ne dira pas :

Cet écrivain est *très universel*.

Le pouvoir de Dieu est *très infini*.

Des Adjectifs déterminatifs.

1° De l'adjectif possessif.

37   Ah! *mon* habit que je vous remercie,
Que je valus hier, grâce à votre valeur!

On appèle adjectif possessif celui qui exprime la propriété; le mot *mon* joint à *habit* montre que l'habit m'appartient. Ces adjectifs sont : *mon, ma, mes, ton, ta, tes, son, sa, ses, notre, nos, votre, vos, leur, leurs, etc.*

2° *De l'Adjectif numérique.*

38 A la bataille de Bouvines, l'armée de Philippe-Auguste était de *cinquante mille* hommes.

L'adjectif numérique marque le nombre précis des êtres, comme : *un, deux, trois, quatre, etc.*

3° *Des adjectifs ordinaux.*

39 Mahomet vivait dans le *septième* siècle de l'ère chrétienne.

Les adjectifs *numériques*, lorsqu'ils sont suivis de la syllabe *ième*, deviennent adjectifs *ordinaux*; c'est-à-dire qui marquent l'ordre et le rang que les êtres occupent les uns relativement aux autres : *deux, deuxième, trois, troisième, etc.*

Racine des mots.

Dans ces adjectifs, les syllabes *deux, trois,* etc. , sont appelées syllabes *radicales*, ou simplement *racines* des mots dont ils font partie.

La *racine* des mots forment donc généralement la première ou les premières syllabes des mots. *Centième* a pour racine, *cent,* etc.

Premier et *second* sont les seuls *adjectifs ordinaux* qui n'aient pas pour racine des *adjectifs numériques.*

40 ### 4° *De l'adjectif démonstratif.*

Ce lieu solitaire, *ces* ruines, *cette* soirée paisible imprimèrent à mon esprit un sentiment religieux.

Volney.

On appèle adjectifs *démonstratifs* les mots qui, ainsi que dans cette phrase, ont la propriété d'appeler l'attention sur les êtres, de les désigner, de les distinguer.

De l'Euphonie.

41 A *cet* air vénérable, à *cet* auguste aspect, Les meurtriers surpris, sont saisis de respect.

Voltaire.

C'est par *Euphonie* qu'on emploie *cet* pour *ce* devant une voyelle ou un *h muet : cet* homme.

L'euphonie enseigne à mettre de l'harmonie, de la douceur dans le discours. C'est encore par *euphonie* qu'on dit : *mon âme, mon habitude*, d'où l'on voit que *mon* s'emploie pour *ma* avant une *voyelle* ou un *h muet*.

Des Adjectifs indéterminés.

42   *Chaque* âge a ses plaisirs.

Les adjectifs indéterminés sont : *chaque, quelque, nul, aucun, plusieurs*, etc.

CHAPITRE VI.

Le Pronom.

43   Caligula promit au sénat le gouvernement le plus sage,
il rappela les exilés, *il* écarta les délateurs.

CONDILLAC.

Le pronom est une espèce de mot qui exprime des êtres remplissant des rôles différens dans l'acte de la parole; on les emploie pour rappeler le *nom* ou *sujet* et pour en éviter la répétition.

Ces différens rôles ou personnages se nomment *personne.*

Il y a trois personnes.

Le pronom se divise en quatre classes.

    1° le pronom personnel;

    2° le pronom possessif;

    3° le pronom démonstratif;

    4° le pronom conjonctif;

Pronom personnel.

44   J'irai *vous* voir.

Le pronom personnel est celui qui exprime les trois personnes.

La première est celle qui parle : *je.*

La seconde est celle à qui l'on parle : *tu.*

La troisième celle de qui l'on parle : *il.*

Ces trois personnes peuvent être au pluriel.

Première personne : *nous.*

Seconde personne : *vous.*

Troisième personne : *ils.*

Tu nous regardes.

Il lui parle.

Les pronoms, outre leur fonction de remplacer le substantif et d'exprimer les personnes, ont encore pour attribu-
tion d'indiquer soit le sujet, soit le régime ou complément.

Ainsi, dans ces deux exemples, les pronoms *tu* et *il*
sont sujets, et *nous* et *lui* sont complémens.

Pronom possessif.

46   J'attends mon frère, *le vôtre* est-il arrivé ?

Ce pronom exprime la propriété, voilà pourquoi on
l'appelle possessif.

Ces pronoms sont : *le mien, le tien, le sien, le nôtre,
le vôtre, le leur, la mienne, les miennes,* etc.

Pronom démonstratif.

47   *Celui* qui met un frein à la fureur des flots,
        Sait aussi des méchans arrêter les complots.
                                        RACINE.

Celui, celle, ceux, celles, sont des pronoms démonstratifs.

Ces pronoms servent à appeler l'attention sur les êtres
qu'ils désignent.

Pronom conjonctif.

48   Les biens de la fortune, *que* nous recherchons avec
        un si grand empressement, peuvent se perdre faci-
        lement.

On appèle ces pronoms conjonctifs, parcequ'ils ont la
propriété de faire l'office de conjonction, en unissant deux
membres de phrase ; ainsi, *que* réunit en une seule phrase
ces deux membres : *les biens de la fortune peuvent se
perdre facilement. Nous recherchons avec empresse-
ment les dons de la fortune.*

Ces pronoms sont : *qui, que, dont, lequel, duquel,* etc.

CHAPITRE VII.

Le Verbe.

49   La vertu *est* aimable.

Un père n'*est* jamais inflexible.

Le verbe est un mot qui indique le rapport d'un attribut à un sujet. Il fait connaître l'existence ou la non existence avec telle qualité, tel attribut.

Le verbe *être* est donc le seul verbe élémentaire. Il se nomme substantif, parcequ'il désigne par lui-même l'existence, et qu'il fait toujours partie implicitement des mots appelés *verbes attributifs* dans lesquels se trouvent renfermés le verbe *être* et l'*attribut.*

J'écris pour je *suis écrivant.*

Avant d'étudier le verbe, il est nécessaire de connaître les élémens de ce qu'on appelle la *proposition.*

De la Proposition.

50   *Dieu est bon.*

La proposition est une réunion de mots exprimant une pensée, un jugement, comme dans cet exemple.

Du Sujet.

51   *Dieu est tout puissant*

Les principaux élémens de la proposition sont : le *sujet,* le *verbe,* l'*attribut.*

Le sujet est l'idée première, ou primordiale, à laquelle on joint, à l'aide du verbe, une idée secondaire qui est l'*attribut.*

De l'Attribut.

52   Votre sœur est *aimable.*

L'*attribut* est la qualité qu'on juge convenir au sujet, il en exprime la matière d'être ; ainsi, dans l'exemple ci-dessus, *aimable* est l'attribut, parcequ'il exprime la manière d'être du sujet *votre sœur.*

La proposition renferme des élémens accidentels, parmi lesquels on remarque les complémens que nous devons connaître avant d'étudier les différentes sortes de verbes.

Complément direct ou immédiat.

53   Je vois *ton frère.*

Le complément direct ou immédiat est le mot sur lequel tombe directement l'idée de l'action exprimée par le verbe de la proposition, quand ce verbe est attributif.

Je suis voyant, qui ? *ton frère.*

Complément indirect ou médiat.

Je donne un livre *à ton frère.*

Le complément indirect ou médiat est le mot dont le rapport avec le verbe de la proposition est toujours marqué par une préposition exprimée ou sous-entendue.

Je suis donnant, quoi ? un livre, à qui ? *à ton frère.*

Du Nombre et des Personnes.

55   Je *chante,* nous *chantons.*

C'est par diverses terminaisons ou inflexions que le verbe exprime les deux nombres et les trois personnes.

Le singulier quand une seule personne fait l'action du verbe : *Je chante.*

Le pluriel quand deux ou plusieurs personnes concourent à cette action : *Nous chantons.*

Temps des Verbes.

56   Hâtons-nous, le *temps* fuit et nous laisse après soi ,
Le moment où je parle est déjà loin de moi.

BOILEAU.

Le verbe exprime par diverses inflexions les différentes époques de la durée.

Nous pouvons nous figurer le temps, en général, sous l'image d'un chemin en ligne droite , dont nous avons parcouru une partie ; sur cette ligne , nous pouvons nous représenter le passé, le présent, le futur ou avenir.

PASSÉ.	PRÉSENT.	FUTUR.

Le passé est la partie de la durée que nous connaissons le mieux ; voilà pourquoi nos verbes présentent un assez grand nombre de temps passés.

Le présent n'est que l'instant actuel.

Enfin le futur peut avoir une durée plus ou moins considérable.

57   Je *lisais* quand vous *entrâtes.*

Il peut exister entre plusieurs actions qui ont rapport au même point de la durée, diverses nuances ; ainsi, par exemple, une action passée peut être simultanée, à l'égard d'une autre action également passée, comme : Je *lisais* quand vous *entrâtes*. Pour exprimer ces différens rapports on a imaginé cinq sortes de passés :

1° L'imparfait, je *chantais* ;

2° Le prétérit défini, je *chantai* ;

3° Le prétérit indéfini, j'*ai chanté* ;

4° Le prétérit antérieur, j'*eus chanté* ;

5° Le plus-que-parfait, j'*avais chanté*,

58   J'*aurai lu* quand vous *viendrez*.

Il peut aussi arriver qu'entre deux actions qui appartiennent à un temps à venir, il y en ait une qui puisse être antérieure à l'autre, comme dans l'exemple ci-dessus ; de là, deux sortes de futurs :

1° Le futur simple, je *chanterai* ;

2° Le futur antérieur, j'*aurai chanté*.

59   Charles *chante*.

Le présent est un point indivisible, et n'offre aucune division de temps.

Présent, je *chante*.

Des Temps simples et des Temps composés.

60   Il *chante* l'air qu'il *a entendu* à l'Opéra.

Les temps se divisent en temps simples et en temps composés ; les temps simples sont ceux qui sont exprimés en un seul mot, comme : Il *chante*.

Les temps composés sont ceux qui sont formés des verbes *avoir* et *être*, et d'un participe passé, comme :
Il *a entendu*, il *a été entendu*.

Des Modes.

61   *Apprends à obéir* pour *commander* aux autres.

Dans cette phrase il y a deux verbes qui présentent l'affirmation de deux manières ; *apprends* l'exprime sous la forme du commandement ou de l'exhortation ; *commander* l'exprime d'une manière indéfinie sans acception des nombres, des personnes et des temps.

On a donné le nom de *modes* aux diverses inflexions du verbe qui servent à exprimer les différentes manières d'affirmer ; il y en a cinq.

62 J'*écris* à votre mère.

1° Le mode indicatif qui exprime simplement l'affirmation.

63 Je *lirais* si j'avais des livres.

2° Le mode conditionnel qui exprime l'affirmation avec dépendance d'une condition.

64 *Vas*, *fuis*, *sors* de ma tente ou je vais en sortir.

Ducis.

3° Le mode impératif qui exprime l'affirmation sous la forme du commandement, de l'invitation ou de l'exhortation.

Ce mode n'a point de première personne au singulier.

65 Il faudrait que je *partisse* demain.

Le mode subjonctif qui exprime l'affirmation d'une manière subordonnée et comme dépendante d'un autre verbe, auquel le verbe au subjonctif est toujours lié par le moyen d'une conjonction.

66 Dieu nous a créés pour *travailler*.

L'infinitif rappelle l'idée d'état ou d'action d'une manière indéterminée, et dès-lors sans aucun rapport exprimé de nombre ni de personnes.

Des Conjugaisons.

67 *Conjuguer* un verbe, c'est joindre au radical toutes les inflexions ou terminaisons que subissent les diverses formes de ce verbe, pour en exprimer les personnes, le nombre, les temps et les modes.

On compte quatre conjugaisons, que l'on distingue par la terminaison de l'infinitif.

La 1re a l'infinitif terminé en *er*, *aimer*.

La 2e a l'infinitif terminé en *ir*, *finir*.

La 3e a l'infinitif terminé en *oir*, *recevoir*.

La 4e a l'infinitif terminé en *re*, *rendre*.

68 Comment l'*aurais*-je *fait* si je n'*étais* pas *né*?

Lafontaine.

Le verbe avoir et le verbe être sont auxiliaires quand ils entrent dans les conjugaisons des autres verbes.

Des Verbes transitifs et intransitifs.

69 Charles *regarde* Julie qui *danse*.

Regarde est ici un verbe *transitif*, parce qu'il transporte l'action du sujet sur le complément, c'est-à-dire qu'il se rapporte à un objet différent du sujet.

Charles regarde qui ? Julie.

Danse, au contraire, est intransitif, parce qu'il n'a point de complément immédiat.

On divise donc les verbes en verbes transitifs et intransitifs.

70   Charlotte *se regarde.*

Le verbe est transitif réfléchi, lorsque l'action faite par le sujet se reporte sur lui-même, c'est-à-dire lorsque le sujet et le complément sont une même chose.

Ici le verbe *regarde* est réfléchi, parce qu'il exprime une action faite par le sujet *Charlotte* qui se rapporte à lui-même ; *il* et *se* sont le même être.

71   Elle *se plait.*

Les verbes réfléchis sont aussi intransitifs ; ce qui arrive lorsque l'action faite par le sujet retombe sur lui indirectement.

Elle se plait, c'est-à-dire elle plait à elle-même.

Verbes unipersonnels.

72   Il *faut* rendre meilleur le pauvre qu'on soulage.

Saint-Lambert.

On appèle *verbes unipersonnels* certains verbes défectueux qu'on n'emploie dans tous les temps qu'à la troisième personne du singulier.

Il faut, il importe, il y a.

Dans les verbes unipersonnels, le prénom *il* est une espèce de mot qui équivaut à *ceci*, et qui annonce simplement le sujet du verbe.

Il est nécessaire que je sorte.

Ceci que je sorte est nécessaire.

Verbes réguliers, irréguliers et défectueux.

73   Je *vais partir* pour l'Angleterre.

Il y a des verbes réguliers, des verbes irréguliers et des verbes défectueux.

Un verbe est régulier lorsqu'il est conforme au type de sa conjugaison ; il est irrégulier dans le cas contraire, et il est défectueux lorsqu'il n'a qu'une partie des temps et des modes des conjugaisons ordinaires.

CHAPITRE VIII.

MOTS INVARIABLES.

La Préposition.

74   Le livre *de* Sophie.

La préposition est un mot invariable, qui sert à exprimer les rapports que les mots ont entre eux; *de* exprime le rapport qui existe entre *livre* et *Sophie*; *de* est donc une préposition.

Rapports des Prépositions.

75   L'oiseau est *sur* la cage.

Les rapports que les êtres peuvent avoir les uns avec les autres sont fort nombreux.

Un oiseau peut être *sur* la cage, *dans* la cage, *près de* la cage, etc.

Les mots *sur, dans, près de*, sont des prépositions qui expriment les rapports de supériorité, d'intériorité, de proximité, etc.

Prépositions simples et composées.

76   Cet enfant est toujours *auprès de* sa mère.

Parmi les prépositions il en est de simples et de composées. Les prépositions simples sont celles qui s'expriment en un seul mot, comme : *à, de, en, pour, sans, avec*, etc.

Les prépositions composées sont celles qui s'expriment en plusieurs mots, comme : *vis-à-vis, à côté de, auprès de*, etc.

CHAPITRE IX.

L'Adverbe.

77   Cette personne parle *bien*.

Bien est un adverbe; c'est-à-dire qu'il est ajouté au verbe pour en modifier la signification; son nom indique sa fonction la plus ordinaire, qui est de modifier le verbe ; car *adverbe* signifie mot joint au verbe.

78   Cet homme est *extrêmement* laborieux.

L'adverbe peut aussi modifier l'adjectif.

79   Ce jeune homme écrit *fort* élégamment.

Il peut encore, comme on le voit, modifier un autre adverbe.

Adverbes de manière.

Les adverbes se divisent en plusieurs classes.

80   Le prince agit *sagement*.

Les adverbes de manière expriment de quelle manière les choses se font.

La plupart des adjectifs forment des adverbes de manière en ajoutant *ment* à leur terminaison ; ainsi : *sage, sagement, convenable, convenablement, propre, proprement*, etc.

Adverbes d'ordre.

81   Alexandre donna à Porus un royaume plus grand que celui qu'il avait *auparavant*.

Les adverbes d'ordre et de rang sont ceux qui expriment la manière dont les choses sont arrangées les unes à l'égard des autres ; ce sont : *premièrement, secondement*, etc., qui se forment en ajoutant *ment* au singulier féminin des nombres ordinaux, ces adverbes regardent l'ordre numéral, d'autres regardent le simple arrangement respectif, tels que : *d'abord, après, ensuite, auparavant*, etc.

Adverbes de lieu.

82   Venez *ici*, allez *là*.

Les adverbes de lieu sont ceux qui servent à exprimer la situation des lieux par rapport à la personne qui parle, ou aux choses dont on parle ; tels sont les mots : *ici, là, en haut, en bas, partout, ailleurs*, etc.

Adverbes de temps.

83   *Aujourd'hui* il fait beau temps, *demain* il pleuvra.

Les *adverbes* de *temps* sont ceux qui expriment quelques rapports du temps ; avec l'affirmation exprimée par le verbe.

Ils sont de deux sortes : les uns désignent le temps d'une manière déterminée; ce sont pour le présent : *aujourd'hui, présentement, maintenant*, etc., pour le passé : *hier, jadis*, etc., pour le futur : *demain, bientôt*, etc.

Les autres ne désignent le temps que d'une manière indéterminée, ce sont : *souvent, d'abord, à l'improviste, sans cesse*, etc.

Adverbes de quantité.

84   J'ai gagné *plus* de cent francs.

Les adverbes de quantité sont ceux qui modifient par une idée de quantité, soit physique, soit morale.

Parmi eux, on distingue : *assez, plus, davantage, trop*, etc.

Adverbes de comparaison.

85   Ce diamant vaut *autant* que ce rubis.

On appèle adverbe de comparaison, ceux qui expriment une comparaison, tels que : *moins, autant, à peu près*, etc.

Adverbes d'affirmation, de négation et de doute.

86   *Jamais* la fortune *n*'a placé un homme si haut
      qu'il *n*'eut besoin d'un ami.
Sénèque.

Il y a des adverbes qui expriment l'affirmation, comme : *oui, certes, sans doute*, etc.

Il y en a qui expriment la négation, comme : *non, ne, ne pas, ne point, nullement, point du tout, jamais*, etc.

D'autres expriment le doute, comme : *peut-être*.

CHAPITRE X.

La Conjonction.

87   Rien n'est plus amusant que l'histoire, *outre que* rien n'est plus instructif.

Les conjonctions sont des mots invariables qui servent à lier les propositions entre elles, en indiquant les rapports qu'elles peuvent avoir.

On compte autant de sortes de conjonctions qu'il y a de différence dans les points de vue sous lesquels notre esprit observe un rapport entre une pensée et une autre pensée.

CHAPITRE XI.

L'Interjection.

88   *Ah*! s'il est un heureux, c'est sans doute un enfant.
VILLEFRÉ.

L'interjection sert à peindre d'un seul trait les affections subites de l'âme ; ce n'est pour ainsi dire qu'un seul cri ; mais ce cri tient la place d'une proposition entière.

Cette classe de mots renferme autant de genres que l'on distingue de sentimens dans le cœur de l'homme.

Les principales interjections sont :

Ah! bon! pour marquer la joie.
Ah ! hélas! oh !   la douleur.
Ah! oh!   l'admiration.
Fi!   le mépris.
Hola! hem ! oh !   pour avertir.
Chut! st !   pour le silence.

DEUXIÈME PARTIE.

LA LEXICOGRAPHIE OU L'ORTHOGRAPHE.

89   Il n'y a point de mérite à savoir l'*orthographe*; mais il y beaucoup de honte à l'ignorer.

La lexicographie ou orthographe est la manière d'écrire les mots d'une langue conformément au bon usage.

CHAPITRE 1er.

MOTS VARIABLES.

Du Substantif.

90   Le *roi* et les *princes*.

Règle générale.

Pour former le pluriel des substantifs masculins ou féminins, on ajoute un *s* à leur terminaison.

91   1re EXCEPTION. Le *remords* suit le crime.

Les substantifs terminés au singulier par *s*, par *x* ou par *z* ne changent pas au pluriel.

Le *lis*, les *lis*, la *croix*, les *croix*; le *nez*, les *nez*.

92   2e EXCEPTION. Il a tué deux *perdreaux*.

Les mots terminés par *au* ou par *eau* prennent un *x* au pluriel.

Le *lapereau*, les *lapereaux*; un *étau*, des *étaux*.

Observez que nous n'avons que treize mots terminés par *au*, ce sont : *aloyau*, *bacaliau* (morue sèche), *boyau*, *cornuau* (poisson), *étau*, *gluau*, *gruau*, *hoyau* (instrument de vigneron), *huyau* (coucou), *joyau*, *noyau*, *sarrau*, *tuyau*.

93   3e EXCEPTION. Ses *aveux* l'ont perdu.

Les noms terminés en *eu* prennent un *x* au pluriel. Les cinq substantifs suivants : *caillou*, *chou*, *genou*, *hibou*, *pou*, forment aussi leur pluriel en ajoutant un *x*; les autres substantifs terminés en *ou*, suivent la règle générale.

94   Sa main sur ses *chevaux* laissait flotter les rênes.

RACINE.

4ᵉ EXCEPTION. — Les substantifs terminés au singulier par *al* et *ail* forment leur pluriel en changeant cette terminaison en aux ; un *canal*, des *canaux* ; un *cordial*, des *cordiaux*, du *corail*, des *coraux*.

95   Il y a eu beaucoup de *bals* cette année.

REMARQUE. Les substantifs *bal*, *pal*, *régal* et *carnaval* suivent la règle générale.

96   L'Italie est sous un des plus beaux *ciels* de l'Europe.

Ciel et *œil* font au pluriel *cieux* et *yeux* ; cependant on dit quelquefois *ciels* et *œils* ; des *ciels* de lit, les *ciels* d'un tableau, des *œils* de bœuf (terme d'architecture), de chat, de serpent (terme de lapidaire), de perdrix (terme de broderie).

Travail fait au pluriel *travaux* ; mais il suit la règle générale lorsqu'il signifie une machine de bois qu'emploient les maréchaux pour ferrer les chevaux méchants ; ou bien lorsqu'il s'agit du compte qu'un ministre ou un autre administrateur rend des affaires de son département.

Aïeul fait *aïeux* dans le sens d'ancêtres ; en parlant de son grand-père paternel et de son grand-père maternel, on dit mes *aïeuls*.

CHAPITRE II.

De l'Ajectif.

97   On a donné à Louise deux *jolis* oiseaux.

L'adjectif prend le genre et le nombre du substantif ou du pronom qu'il modifie.

98   Une *jeune* fille *discrète* :

1ʳᵉ RÈGLE. — Les adjectifs terminés au masculin par un *e muet* ne changent pas au féminin, comme : *jeune, aimable, fidèle* et ceux qui sont terminés par une consonne ou une voyelle autre que l'*e muet*, en prennent un au féminin, tels que : *discret, poli, sensé*.

99   Je vis de *bonne* soupe et non de beau langage.

MOLIÈRE.

2ᵉ RÈGLE. — La plupart des adjectifs terminés par une consonne, redoublent leur consonne finale et ajoutent un *e muet*, tels que : *bon, gros*, qui font *bonne, grosse*, etc.

100   Cet homme est très *actif*.

1re Exception. — Tout adjectif qui se termine au masculin, par *f*, forme son féminin en changeant cet *f* en *ve* : *actif, active; bref, brève*.

101   Cornélie était *vertueuse*.

2e Exception. — Les adjectifs terminés au masculin par *x*, changent au féminin cet *x* en *se* : *officieux, officieuse; heureux, heureuse*.

102   Mahomet avait un génie *supérieur*.

3e Exception. — Les adjectifs terminés au masculin par *eur* forment leur féminin de cinq manières différentes : place *supérieure*, fille *menteuse*, louange *adulatrice*, femme *auteur*, voix *enchanteresse*.

103   Une *folle* ambition l'a perdu.

4e Exception. — *Fou, mou, nouveau* et *beau* forment leur féminin d'un second masculin qui s'emploie devant les mots commençant par un *h* muet : un *fol* amour, un *bel* homme.

104   Les affaires *publiques* remplissaient toute la vie des Romains.

5e Exception. — Il y a plusieurs adjectifs dont le féminin est irrégulier, ce sont :

Doux qui a pour féminin Douce.

Roux,   Rousse.

Long,   Longue.

Vieux,   Vieille.

Tiers,   Tierce.

Malin,   Maligne.

Jaloux,   Jalouse.

Sec,   Sêche.

Franc,   Franche.

Frais,   Fraîche.

Turc,   Turque.

Caduc,   Caduque.

Grec,   Grecque.

Favori,   Favorite.

Public,   Publique.

Du nombres dans les Adjectifs.

105   L'histoire est un juge *sévère* et *impartial*.

Les règles, pour la formation du pluriel dans les adjectifs, sont les mêmes que pour le substantif.

CHAPITRE III.

Le Pronom.

106 *Ils les* admirent.

Le pronom prend un *s* au pluriel comme le substantif et l'adjectif, quand il n'a pas une forme particulière pour ce nombre.

107 Quand je vois les nids des oiseaux formés avec tant d'art, je demande quel maître *leur* a appris les mathématiques et l'architecture.

Leur, pluriel de *lui* ne prend pas d'*s*, ce qui le distingue de son homonyme *leur* adjectif possessif.

108 *Ce* qui me fait de la peine, c'est de voir qu'il ne *se* corrige pas.

Ce pronom démonstratif s'écrit par un *c*, il est toujours joint au verbe *être*, ou suivi de *qui* ou de *que* conjonctif, tandis que *se* pronom personnel s'écrit par un *s* et précède toujours le verbe dont il est complément.

109 Le chemin *où* vous passez est dangereux.

Où, pronom conjonctif, prend un accent grave qui le distingue de *ou* conjonction, mis pour *ou bien*.

CHAPITRE IV.

Orthographe des verbes.

110 *J'aime* les fleurs.

C'est par un grand nombre de terminaisons que le verbe exprime les nombres, les personnes, les temps et les modes.

La première personne du présent de l'indicatif se termine par un *e* muet dans tous les verbes de la première conjugaison.

111 Je *chéris* la vertu.

Les verbes de la seconde conjugaison prennent un *s*,

excepté ceux qui sont terminés par un *e* muet, comme :
j'*offre*, je *cueille*, j'*ouvre*.

112   Je *reçois* vos excuses.

Ceux de la troisième conjugaison prennent un *s* ou un *x*
lorsqu'ils se terminent en *eu* ou en *au*, comme : je *peux*,
je *veux*, je *prévaux*.

L'*s* final ne peut pas être précédé d'une *consonne* qui ne
se trouve pas à l'infinitif ; cependant on dit je m'*assieds*.

113   J'*attends* vos ordres.

Les verbes de la quatrième conjugaison se terminent par
un *s* qui est quelquefois précédé d'une *consonne nulle*
qu'on entend dans l'infinitif, comme *rendre*, *rompre*, je
rends, je *romps*. On la supprime dans les verbes en *aître*,
comme : *naître*, *paraître* ; ainsi que dans les verbes dont
l'infinitif est en *indre* ou en *soudre* : *craindre*, *absoudre*.

114   Je vous *demanderai* aujourd'hui ce que je vous *demandai* hier.

La première personne du singulier du prétérit défini de la
première conjugaison est terminée en *ai*, qu'on prononce
é : je *demandai*, je *parlai*, et le futur a la même terminaison dans tous les verbes.

115   Je *vins*, je *vis*, je *vainquis*.

La première personne du prétérit défini des verbes, qui
n'appartiennent pas à la première conjugaison, se termine
toujours par un *s*.

116   Je *relirais* avec le même plaisir ce que je *lisais* autrefois.

La première personne du singulier du conditionnel et de
l'imparfait, se termine dans tous les verbes par *ais*.

117   Il faut que j'*écrive*, il faudrait que je *fusse*.

Tous les verbes, à la première personne du singulier du
subjonctif, se terminent par un *e* muet ; il n'y a d'exception que pour le verbe être.

118   Tu n'*espères* pas gagner ton procès.

Dans les verbes de la première conjugaison, on ajoute un
s à la première personne pour former la deuxième, et dans
tous les autres verbes ces deux personnes sont semblables :
je *finis*, tu *finis*, je *peux*, tu *peux*, je *rends*, tu *rends*.

119 *Règle* ta propre conduite avant de critiquer celle des autres.

La deuxième personne du singulier de l'impératif est toujours semblable à la première du présent de l'indicatif. Ainsi il ne faut pas mettre d's à cette seconde personne lorsqu'il n'y en a point à la première personne du présent de l'indicatif : *aime, donne, souffre, emplis, reçois, rends.*

120 *Apportes-y* tous tes soins.

Cependant on ajoute un s après cet e quand le pronom *y* ou le pronom *en* doit suivre ; mais si au lieu du pronom *en* c'est la préposition *en* qui suit le verbe, on ne fait point usage de la lettre euphonique *s* ; c'est-à-dire que l'on écrit : *admire en* France et non pas *admires en* France, *accepte en* échange ce bijou.

121 Il *ouvre* le jardin, il *cueille* des fleurs.

Dans tous les verbes où la première personne est terminée par un e muet, la troisième est semblable à la première, excepté qu'*il ait*, troisième personne singulière du subjonctif du verbe *avoir*, et la troisième personne de l'imparfait du subjonctif qui est toujours terminée par un *t*. Il faut observer que la voyelle qui précède ce *t* prend un accent circonflexe.

122 Il *écrit* tout ce qu'on *veut*.

Quand la première personne du singulier finit par un *s* ou par un *a*, la troisième finit par un *t*.

123 Il *répond* avec assurance.

Les verbes, dont la première personne du singulier de l'indicatif est terminée par *ds*, finissent par un *d* à la troisième.

124 Elle lui *donna* sa bourse.

Quand la première personne est terminée en *ai*, la troisième finit en *a* : j'ai, il a, j'aimai, il aima, je recevrai, il recevra.

125 A *vaincre* sans péril, on triomphe sans gloire.

Le verbe *vaincre* et son composé *convaincre* se terminent par le *c* qui précède l's de la première ou de la deuxième personne : il *vainc*, il *convainc*.

126   Nous *sommes* allés vous voir et nous ne vous *avons* pas *trouvé*.

La première personne du pluriel est toujours terminée par *ons*, *ions* ou par *mes* : nous *chantons*, nous *marcherons*, nous *voudrions*, nous *dansâmes*.

27   Entre le pauvre et vous, vous *prendrez* Dieu pour juge,
Vous souvenant, mon fils, que caché sous ce lin,
Comme eux vous *fûtes* pauvre et comme eux orphelin.
RACINE.

Les secondes personnes plurielles se terminent en *s* ou en *z*, elles sont terminées par *z* quand l'*e* qui précède est un *e* fermé, par *s* quand cet *e* est muet, vous *aviez*, vous *aimiez*, vous *fûtes*.

128   Nous *passâmes* tout l'été dernier à la campagne.

La première et la deuxième personne plurielle du prétérit défini, prennent un accent circonflexe sur la voyelle qui précèdent leur terminaison.

129   Les yeux de l'amitié se *trompent* rarement.
VOLTAIRE.

La troisième personne plurielle est toujours terminée par *nt* : ils *triomphent*, ils *aimèrent*, ils *reçurent*, ils *finirent*.

130   *Veillé*-je ? *puis*-je croire un semblable dessein ?

Dans les phrases interrogatives, le pronom se place après le verbe, auquel il est joint par un trait d'union ; quand le verbe est terminé par un *e* muet il se change en *e* fermé ; pour la même raison on écrit : *dussé-je* en mourir ! *puissé-je* le revoir.

131   Les *approuve-t-on* ?

Quand le verbe à la troisième personne est terminé par une voyelle, on place un *t* euphonique entre ce verbe et le pronom qui le suit et on les sépare par un tiret ou trait-d'union ; par analogie on dit aussi : *puisse-t-il* se désabuser.

132   Il entend les serpens, il croit les *voir rampant* autour de lui.
MARMONTEL.

Les verbes employés à l'infinitif et au participe présent sont toujours invariables.

133   L'armée des infidèles fut entièrement *détruite*.

Le participe passé est terminé par *s* ou par *t* lorsqu'on entend ces lettres dans le féminin : *confus, confuse, vu, vue, fini, finie.*

Verbes réfléchis.

134   *Promène-toi* dans le jardin.

Les *verbes réfléchis* se conjuguent avec deux pronoms de la même personne, dont le premier est sujet et le second complément. Le verbe à l'impératif est suivi de l'un des pronoms *toi, nous, vous* ; un trait-d'union lie le pronom au verbe, mais on écrit *va te récréer* sans trait-d'union, parceque *te* n'est pas régi par l'impératif *va*, mais par l'infinitif récréer.

Les verbes réfléchis se composent avec le verbé être : elle *s'est habillée*, elle *s'était abstenue* de manger.

Verbes en ger.

135   Il se *chargea* d'une lettre.

Les verbes terminés en *ger* prennent un *e* euphonique avant *a* et *c* afin de conserver au *g* le son du *j*.

Verbes en cer.

136   Nous *avançons* vers notre but.

Le *c* prend une cédille devant *o* et *a* dans les verbes terminés à l'infinitif en *cer* : *bercer, tracer, énoncer* ; ce qui a lieu aussi dans les verbes ou le *c* est suivi d'un *u* : il *reçut*, il *aperçut*.

Verbes en eler.

137   Il veut les *rappeler* et sa voie les effraie.
                                                    RACINE.

Les verbes en *eler* et *eter* doublent les lettres *l* et *t* devant un *e* muet : *j'appelle*, tu *nivelles*, ils *jettent*, excepté *acheter, bourreler, déceler, geler, harceler* et *peler*, qui prennent un accent grave : *j'achète*, etc. *

Verbes en yer.

138   Je vous *paierai* avec de l'or.

Tous les verbes dont l'infinitif est en *yer* changent l'*y*

---

* NOTA. Cette règle est en voie d'abolition, car déjà plusieurs écrivains ont adopté cette orthographe pour tous les verbes en *eler*, et écrivent *j'appèle, je jète.*

en *i* devant un *e* muet : j'*emploie*, tu *appuies*, nous *employons*, vous *appuyez*.

Ces verbes prennent un *y* et un *i* aux deux premières personnes plurielles de l'imparfait de l'indicatif et du présent du subjonctif, savoir : l'*y* de la partie radicale *employ* et l'*i* de la partie finale *ions*.

Cette règle s'applique non-seulement aux verbes en *yer*, mais à tous ceux dont le participe présent est en *yant* : nous *croyions*, nous *employions*.

Verbes en ier.

139   Je vous *prie* de me répondre de suite.

Prier et tous les verbes dont le participe présent est terminé en *iant*, comme : *riant*, *liant*, etc., ayant leur partie radicale terminée par un *i*, comme *pri*, doivent prendre deux *i* de suite aux deux premières personnes plurielles de l'imparfait de l'indicatif et du présent du subjonctif: nous *priions*, que nous *priions*; vous *priiez*, que vous *priiez*.

Verbes en uer.

140   Vous *jouiez* de la flûte.

Les verbes dont l'infinitif est terminé en *uer* exigent aux deux premières personnes plurielles de l'imparfait de l'indicatif et du présent du subjonctif un tréma sur l'*i*: nous *jouïons*, vous *tuïez*.

Verbes irréguliers.

141   Ils *vont* à Rome.

La première conjugaison ne compte que trois verbes irréguliers, qui sont : *aller*, *envoyer*, *renvoyer*; mais ceux des autres conjugaisons sont beaucoup plus nombreux.

142   Des armes qui ont été *bénites* par l'église ne sont pas toujours *bénies* par les mains du ciel sur le champ de bataille.

Beauzée.

Bénir n'est irrégulier qu'au participe passé qui fait *béni*, *bénite*, qui se dit seulement de la bénédiction de l'église donnée par un prêtre avec les cérémonies ordinaires, *du pain béni*; *béni*, *bénie* s'emploient dans toutes les autres acceptions.

Les armes *bénies* de Dieu sont toujours heureuses.

L'Académie.

143   L'empire romain *florissait* sous Auguste.

Fleurir est régulier dans le sens propre, c'est-à-dire lorsqu'il signifie pousser des fleurs ; dans le sens figuré il signifie être en crédit, en honneur, et alors on dit à l'imparfait *florissait*, et au participe présent *florissant*.

144   Là *gît* Lacédémone, Athènes fut ici !

L. RACINE.

Gésir ne s'emploie qu'à l'indicatif présent, à l'imparfait et au participe présent : *gissait* et *gissant*.

145   Quand il *hait* une fois, il veut *haïr* toujours.

RACINE.

L'*h* s'aspire dans tous les temps de ce verbe, et il n'a d'irrégularité que dans la prononciation.

Liste des Verbes irréguliers.

ALLER.

ENVOYER.

RENVOYER, —   se conjugue comme envoyer.

ABSTENIR, —   comme tenir.

ACCOURIR, —   comme courir.

ACCUEILLIR, —   comme cueillir.

ACQUÉRIR.

ASSAILLIR.

BÉNIR, —   voyez le n° 142.

BOUILLIR.

COURIR.

COUVRIR, —   comme ouvrir.

CUEILLIR.

DORMIR, —   comme sortir.

FAILLIR, —   n'est d'usage qu'au prétérit défini (je faillis), aux temps composés et temps de l'infinitif.

FLEURIR, —   voyez le n° 143.

FUIR.

GÉSIR.   voyez le n° 144.

HAIR, —   voyez le n° 145.

MENTIR, —   comme sentir.

MOURIR.

OFFRIR, —   comme ouvrir.

OUIR, —   On ne se sert maintenant de ce verbe qu'au prétérit défini de l'indicatif, à l'imparfait du subjonctif, à l'infinitif et aux temps composés,

OUVRIR.

PARTIR.

QUÉRIR, —   comme acquérir.

SAILLIR,—   dans le sens de jaillir; ce verbe est régulier dans le sens d'avancer dehors , il se conjugue comme as-saillir.

SENTIR.

SERVIR.

SORTIR.

SOUFFRIR,—   comme ouvrir.

TENIR.

VENIR,—   comme tenir.

VÊTIR.

S'ASSEOIR.

CHOIR,—   n'est en usage qu'à l'infinitif et au participe passé.

DÉCHOIR.

ÉCHOIR,—   au présent de l'indicatif , ce verbe n'est guère d'usage qu'à la troisième personne ; le participe de ce verbe se construit avec être.

FALLOIR,—   Ce verbe n'a pas d'impératif.

MOUVOIR.

PLEUVOIR.

POURVOIR.

POUVOIR,—   je puis doit être préféré à je peux.

PRÉVALOIR.

SAVOIR.

SEOIR,—   signifiant être convenable ne s'emploie qu'aux personnes et aux temps désignés dans le tableau.

SURSEOIR,—   dans la signification d'être assis, ce verbe n'est plus en usage excepté au participe présent.

VALOIR,—   n'a point d'impératif.

VOIR.

VOULOIR.

ABSOUDRE,—   n'a point de prétérit défini ni d'imparfait du sub-jonctif.

BATTRE.

BOIRE.

BRAIRE,—   ce verbe ne s'emploie qu'aux temps et aux personnes qui se trouvent dans le tableau.

BRUIRE,—   n'est d'usage qu'à l'infinitif et aux troisièmes personnes de l'imparfait de l'indicatif.

CEINDRE,—   voyez peindre.

CLORE,—   n'est d'usage qu'aux temps qui se trouvent dans le ta-bleau et aux temps composés.

CONCLURE.

CONDUIRE.

CONFIRE,—   l'imparfait du subjonctif n'est plus en usage.

CONNAITRE,—   voyez paraître.

COUDRE.

CRAINDRE,—   voyez peindre.

CROIRE.

CROITRE.

DIRE.

DISSOUDRE, — voyez absoudre.

ECLORE, — ne s'emploie qu'aux temps et aux personnes qu'on trouve dans le tableau, et aux temps composés qui se forment avec être.

ECRIRE.

EXCLURE, — comme conclure.

FAIRE.

FEINDRE, — voyez peindre.

FRIRE, = n'est d'usage qu'aux temps qui se trouvent dans le tableau, au futur, au conditionnel et aux temps composés.

LIRE.

LUIRE, — n'a ni prétérit défini, ni imparfait du subjonctif.

MAUDIRE, — voyez dire.

METTRE.

MOUDRE.

NAITRE.

NUIRE.

PAITRE, — n'a point de prétérit défini, ni d'imparfait du subjonctif.

PARAITRE.

PEINDRE.

PLAIRE.

PRENDRE.

RÉSOUDRE.

RIRE.

SUFFIRE.

SUIVRE.

TAIRE, — point de prétérit défini, ni d'imparfait du subjonctif.

TRAIRE.

VAINCRE.

VIVRE.

Nota. Tous les temps de ces verbes, qui présentent des irrégularités, se trouveront dans les tableaux.

CHAPITRE V.

DES MOTS INVARIABLES.

De la Préposition.

146 Il s'occupe *dès* le matin *à* lire et *à* faire des vers.

Les prépositions *dès* et *à* prennent un accent grave ; cet accent distingue le premier de l'article composé *des* et le second de la troisième personne du présent de l'indicatif du verbe *avoir*.

147.   Cet homme a le cœur bon ; *quant* à la tête, elle est mauvaise.

Quant, s'écrit avec un *t* lorsqu'il signifie, *pour ce qui est de, à l'égard de*, et alors il est toujours suivi de *à* ; pris dans la signification de *lorsque, à quelle époque, dans quel temps*, il s'écrit avec un *d*.

De l'Adverbe.

148   Il avait *vaillamment* combattu pour la patrie, et il l'a *éloquemment* défendu à la tribune.

Quand l'adjectif est terminé au masculin par *ant* ou par *ent*, l'adverbe se forme de ces adjectifs en changeant *ant* en *amment* et *ent* en *emment* : *élégamment, diligemment*.

149   Il est *commodément* logé.

L'*e* muet des adjectifs maculins *aveugle, énorme*, se change en *é* fermé : *aveuglément, énormément*.

150   J'irai *où* vous voudrez, en Suisse *ou* en Angleterre.

On met un accent grave sur *où* quand il est pronom ou adverbe. *Ou* conjonstion n'en prend point et peut facilement se distinguer, parce qu'on peut le rendre par *ou bien*.

151   *Plutôt* perdre tout que de rien faire contre sa conscience.
L'Académie.

Plutôt s'emploie pour marquer le choix que l'on fait d'une chose par préférence à une autre, et s'écrit toujours en un seul mot.

Plus tôt s'emploie pour signifier plus vite, de meilleure heure ; s'oppose à *plus tard* et s'écrit en deux mots. J'arriverai *plus tôt* que vous.

152   C'est *là* que je voudrais demeurer.

On met un accent grave sur l'*a* final des adverbes ; *voilà, déjà, là*, etc.

Des Conjonctions.

153   Rien n'enfle et n'éblouit les grandes âmes, *parce que* rien n'est plus haut qu'elles.
Massillon.

5

Parce que séparé en deux mots est une conjonction qui sert à marquer la raison de ce qu'on a dit; elle signifie *à cause que, autant que.*

Quand *par ce que* est séparé en trois mots, ce n'est pas une conjonction, et alors il signifie *par la chose* ou *par les choses que.*

154   *Quoi qu'en dise* Aristote, et sa docte cabale,
      Le tabac est divin, il n'est rien qui l'égale.
T. CORNEILLE.

Quoi que s'écrit toujours en deux mots, quand il signifie *quelque chose que.*

Quoique conjonction signifie *encore, bien que* et s'écrit en un seul mot.

     Quoiqu'il aimât la gloire, il la cherchait dans le témoignage de ses actions, et non pas dans le témoignage des hommes.
FLÉCHIER.

Des Interjections.

155   *Ah !* que de la vertu, les charmes sont puissans.
T. CORNEILLE.

Les exclamations *ah !* et *oh!* expriment la joie, la douleur, l'admiration, etc.

Ha et *ho* expriment la surprise.

Ha ! vous voilà !

156   *O* ma mère ! *ô* vous que je chéris !

Lorsque l'interjection *oh !* se place devant un compellatif, elle quitte *h,* et *ô* prend un accent circonflexe *(ô)*.

CHAPITRE VI.

Des lettres Majuscules.

157   Avant qu'un tel dessein m'entre dans la pensée,
      On pourra voir la *Seine* à la *Saint-Jean* glacée.
BOILEAU.

On doit écrire avec une lettre majuscule (on appèle ainsi une lettre plus grande que les autres et d'une autre forme);

1° Les substantifs propres :

158   La crainte de *Dieu* est le commencement de la sagesse.

2° Le nom de *Dieu* lorsqu'il désigne individuellement

l'être suprême; mais il s'écrit avec une minuscule s'il est appliqué aux fausses divinités du paganisme , ou bien s'il est regardé comme sujet de quelque qualification déterminative.

On a compté jusqu'à cent cinquante-neuf *dieux* que les payens ont adorés. Le *dieu* d'Abraham.

159   La *Cigale* et la *Fourmi*.

3° Les noms qui désignent le titre d'un livre , ou d'une pièce quelconque et ceux qui expriment le principal sujet du discours.

Ainsi dans le chapitre sur le *substantif*, ce dernier mot a dû être partout marqué d'une grande lettre, parce que le *Substantif* était l'objet de ce chapitre.

160   *Travailler c'est savoir jouir ,*
    L'oisiveté pèse et tourmente.

                      LAFONTAINE.

4° On doit aussi écrire par une grande lettre tout mot qui commence une phrase ou un vers.

161   · · · · · · · · · · · · la *Mollesse* oppressée,
    Dans sa bouche à ce mot, sent sa langue glacée.

                      BOILEAU.

5° On fait encore usage d'une grande lettre pour indiquer au lecteur tout nom de chose personnifiée.

CHAPITRE VII.

Des Accents et des autres Signes orthographiques.

162   Notre *père* est la *bonté même*.

Il y a dans la langue française trois sortes d'accents : l'accent aigu (´), l'accent grave (`) et l'accent circonflexe (ˆ). L'accent aigu se met sur tous les *e* fermés qui terminent la syllabe ou qui sont suivis d'*s*, signe du pluriel :

    La *vérité*, l'*assemblée*, les *procédés*.

L'accent grave se met sur tous les *e* ouverts :

    Père, règle, prophète.

On fait également usage de l'accent grave dans certains mots, pour empêcher qu'on ne les confonde avec d'autres , comme nous l'avons vu pour *à, dès, là* :

163   Des raisins *mûrs* apparemment,
      Et couverts d'une peau vermeille.

LAFONTAINE.

On emploie l'accent circonflexe lorsque la voyelle est longue, comme dans les mots *lâche, château, bâti*; ou lorsqu'il y a suppression de lettre, comme dans les mots *âge, tête, côte,* qu'on écrivait autrefois *asge, teste, coste.*

Sur l'*i* des verbes en *aître*, comme *naître, paraître, accroître*; dans tous les temps où l'*i* est suivi de *t* : il *naît*, il *paraîtra*, nous *accroîtrons*.

Sur les pronoms possessifs le *nôtre*, le *vôtre*, mais on ne le met pas sur *notre, votre* adjectifs possessifs.

On le met encore sur les participes *dû, tû, crû*, et sur les adjectifs *sûr* et *mûr*, pour les distinguer de leurs homonymes *du* article, *tu* pronom, *cru* participe du verbe croire, *sur* préposition et *mur* substantif, etc.

Apostrophe.

164   Il viendra *s'il* peut.

L'apostrophe est un petit signe (') que l'on place au haut d'une lettre pour marquer l'élision, quand le mot suivant commence par une voyelle.

Trait-d'union.

165   Le *croyez-vous?*

On emploie le trait-d'union (-) entre deux mots qu'il n'est pas permis de séparer dans le discours : *celui-ci, moi-même*, et entre les mots qui forment les substantifs composés : *serre-tête.*

Quand le verbe est suivi d'un pronom qui en est le sujet ou le complément : *viendrez-vous, rends-la-lui.*

Enfin on en fait usage pour les adjectifs numériques, lorsque le dernier ne dépasse pas la dixaine : *dix-huit, vingt-deux.*

On le trouve encore dans *quatre-vingt* et dans *quinze-vingts.*

Tréma.

166   *Moïse* reçut la loi sur le mont *Sinaï.*

Le *tréma* se met sur une voyelle pour indiquer qu'on

doit la prononcer séparément d'une autre voyelle qui la précède immédiatement.

Cédille.

167   La rivière est couverte de *glaçons*.

La *cédille* (ç) se place sous le *c* avant les voyelles *a*, *o*, *u*, pour indiquer que cette lettre doit conserver la prononciation douce.

TROISIEME PARTIE.

LA SYNTAXE.

168   La syntaxe, dont le nom, d'après son origine, signifie *j'arrange avec*, nous fait connaître le rapport des mots entre eux, leur concordance, leur emploi et leur construction.

On ne connait bien les divers rapports que présente la syntaxe, que par l'analyse. Analyser une proposition, une phrase, c'est la décomposer.

Il y a deux sortes d'analyse, l'une grammaticale, l'autre logique.

Par la première, on ne décompose la phrase que pour en ranger les mots dans leurs classes spécifiques.

Par la seconde, on les considère dans leurs rapports entre eux, comme formant, par leur ensemble, l'énonciation d'un jugement.

Or le jugement est une opération de l'esprit par laquelle on aperçoit le rapport de convenance ou de disconvenance entre deux idées comparées.

L'énonciation de ce rapport fait par la voix ou par l'écriture est ce qu'on appelle proposition.

CHAPITRE 1er.

Des différentes partie de la Proposition.

169   *Dieu est juste.*

Dans toute proposition il y a trois élémens, le sujet, le verbe et l'attribut ; et des parties accidentelles, entre autres : le complément immédiat, le complément médiat, le complément adverbial et le compellatif.

Du Sujet.

170   *Patience et succès* marchent toujours ensemble.

VILLEFRÉ.

Le sujet est l'objet d'un jugement ; il est formé d'un

substantif, d'un pronom ou d'un mot quelconque employé substantivement.

Le *Chien* est fidèle, *il* suit son maître.

Danser est amusant.

On reconnait le sujet quand on peut faire la question qui est-ce qui ? qui est-ce qui est fidèle ? le *chien*.

Du Verbe.

171 *Auguste joue.*

Le verbe *être* qu'on appelle verbe substantif, est le seul verbe proprement dit ; c'est par lui qu'on affirme la concordance de l'attribut avec le sujet.

Auguste *joue* se décompose ainsi : Auguste *est* jouant.

Tous les autres mots réputés verbes étant une combinaison du verbe *être* avec un attribut, sont donc des verbes attributifs.

De l'Attribut.

172 Turenne était *vaillant.*

L'attribut est une partie de la proposition qui se joint aux autres pour les modifier, soit par l'idée d'une qualité, soit par l'idée d'une action ou d'un état d'une manière d'être ; il est généralement exprimé par un adjectif ou par un participe. *Vaillant* est l'attribut qui modifie le sujet *Turenne.*

173 Le *singe* et le *chat* sont *rusés* et *malins.*

Le sujet et l'attribut sont *composés* lorsqu'ils sont formés de plusieurs noms ou de plusieurs adjectifs.

174 *Les grands pins* sont *exposés aux coups de la tempête.*

Le sujet et l'attribut sont *complexes,* s'ils sont accompagnés d'autres mots qui les modifient.

Complément immédiat.

175 Louise cueille *des violettes.*

Le complément immédiat est la partie de la proposition qui est destinée à représenter la chose à laquelle se rapporte directement l'action exprimée par le verbe.

Le complément immédiat peut être ou un nom, ou un pronom, ou un verbe, et répond à la question *qui* ou *quoi* ?

Louise cueille quoi ? *des violettes.*

Le complément immédiat, comme le sujet et l'attribut, peut être composé ou complexe.

Complément médiat.

176   Je parle *à Charles.*

A Charles est un complément médiat, c'est-à-dire qu'il ne complète que d'une manière indirecte le sens du verbe auquel il est joint par une préposition qui sert à déterminer le rapport qui existe entre eux.

Je parle à qui? *à Charles.*

Le complément médiat répond aux questions *à qui, à quoi, de qui, de quoi ?*

Complément adverbial.

177   Je partirai *demain.*

Le complément adverbial sert à modifier le verbe par une idée de manière, de temps, de lieu, de motif.

Il est généralement formé par des adverbes ou des expressions équivalentes, et répond aux questions *quand, comment, d'où, par où, pourquoi?*

Je partirai *quand? demain.*

Ces complémens modifient non-seulement le verbe, mais encore les autres parties de la proposition.

Du Compellatif.

178   *Grand Dieu!* tes jugemens sont remplis d'équité.

Le compellatif est une partie de la proposition au moyen de laquelle on appèle à soi la personne à qui l'on s'adresse.

179   *Jean Thévenot, auteur d'un voyage en Asie, apporta, dit-on, en 1656, le café en France.*

Une phrase est généralement composée de plusieurs propositions : faire une analyse logique, c'est les décomposer en leurs diverses parties essentielles et accidentelles.

180   Et de son creux de main faisant un gobelet,
      Il *vous* a bu de l'eau, tout comme on boit du lait.

Il y a des parties de phrase qui se refusent à toute espèce d'analyse; ce sont des locutions qui sortent des règles ordinaires que l'on appèle gallicismes, tel que :

Ce livre *se* lit avec plaisir.

Des différens caractères des Propositions.

181   *La jeunesse et l'inexpérience nous exposent à bien des fautes.*

Il y a deux sortes de propositions : la proposition principale et la proposition incidente.

La proposition principale est celle qui occupe le premier rang dans l'énonciation de la pensée ; elle est ou absolue, ou relative.

La proposition principale absolue est celle qui a un sens complet par elle-même, et qui peut exister sans le secours d'aucune autre proposition pour faire un sens total.

182   *La philosophie triomphe aisément des maux passés, mais les maux présents triomphent d'elle.*

La proposition principale relative, est celle qui est liée à une autre proposition pour faire un sens total.

La seconde proposition, *mais les maux* etc., est une proposition relative. Ainsi quand il y a plusieurs propositions principales, la première est absolue, les autres sont relatives.

183   *La gloire, qui vient de la vertu, a un éclat immortel.*

La proposition incidente est celle qui est ajoutée à une proposition précédente pour la déterminer ou pour l'expliquer ; d'où il suit qu'il y a deux sortes de propositions incidentes : la proposition incidente déterminative et la proposition incidente explicative.

La proposition incidente déterminative, détermine une proposition précédente, à laquelle elle est jointe d'une manière indivisible : les mots, *qui vient de la vertu*, forment une proposition incidente liée au sujet *gloire*, dont elle sert à restreindre la signification trop générale par l'idée de la cause particulière qui la procure. Cette proposition est indispensable au sens de celle qui précède, on ne saurait la retrancher.

184   *La jeune personne que vous avez vue* est partie pour l'Angleterre.

La proposition incidente explicative, explique la proposition précédente à laquelle elle est jointe d'une manière divisible. *Que vous avez vue* est la proposition incidente explicative ; elle sert à développer l'idée de la proposition qui précède et peut en être retranché sans nuire au sens.

185   Avez-vous lu Télémaque ? *Oui.*

Les propositions ont encore d'autres caractères que ceux dont nous venons de parler, elles peuvent être pleines ou entières, affirmatives, interrogatives, négatives, elliptiques, etc.

Avez-vous lu Télémaque est une proposition entière, puisqu'elle se compose de trois parties essentielles ; interrogative puisqu'elle renferme une question. *Oui* est une proposition affirmative elliptique ; car ce mot remplace j'ai lu Télémaque ; il en serait de même dans l'emploi de l'adverbe de négation *non.*

186   *Voilà. Bonjour.*

Sont aussi des propositions réduites à la plus simple expression possible ; ces mots sont des propositions elliptiques ; c'est-à-dire que l'on rend plus courtes, afin de donner plus de vivacité au discours.

Sois sage. Le brave ne se connait que dans la guerre, le sage que dans la colère, l'ami dans le besoin.

Sont aussi des proposions elliptiques.

CHAPITRE II.

Du nombre des Substantifs.

187   Les deux *Corneille* se sont distingués dans la république des lettres.

Le nom propre ne prend pas la marque du pluriel, lors même qu'il désigne plusieurs personnes portant le même nom. Cependant on dit les *Bourbons*, les *Guises*, les *Gracques*, parce ces noms sont plutôt considérés comme noms de grandes et illustres familles que comme noms d'individus.

188   Louis fit des *Boileaux*, Auguste des *Virgiles.*

Le substantif propre prend un *s* lorsqu'il est employé pour un nom commun ; c'est-à-dire pour désigner des individus semblables à ceux dont on emploie le nom. Dans cet exemple, *Boileau* et *Virgile* sont mis pour de grands poëtes.

189   Ces *opéras* font l'admiration des *dilettanti*.

Les mots étrangers qui ont passé dans notre langue prennent la marque caractéristique du pluriel; on en excepte cependant Lazzaroni, Carbonari, etc., parce que nous employons les deux formes usitées dans la langue italienne.

Un *dilettante*, des *dilettanti*, un *lazzarone*, des *lazzaroni*.

190   On n'écouta ni les *si*, ni les *mais*,
 Sur l'étiquette on me fit mon procès.
       P.-S. DUCERNAU.

Les mots invariables employés accidentellement comme substantifs ne prennent point la marque du pluriel : les *on dit*, les *pourquoi*, les *comment*, etc.

191   On a mis un *garde-fous* au bord du canal.

Dans les substantifs composés, les seuls mots essentiellement invariables sont le verbe, la préposition et l'adverbe, des *casse-noisettes*, des *avant-coureurs*.

La préposition latine *vice* qui signifie *à la place de*, et les mots initials *semi*, *archi*, *ex*, etc., restent toujours invariables : des *vice-rois*, des *semi-tons*.

192   Phèdre et Athalie sont les *chefs-d'œuvre* de Racine.

Le substantif et l'adjectif se mettent au singulier ou au pluriel, suivant le sens et les règles de notre orthographe :

 Des *belles-de-nuit*.

 Des fleurs belles dans la nuit.

 Des *arcs-en-ciel*.

 Des arcs qui sont dans le ciel.

 Des *mouille-bouche*.

 Des poires qui mouillent la bouche.

 Des *vol-au-vent*.

 Sorte de pâtisserie si légère qu'elle est facilement emportée par le vent.

 Un *entre-acte*.

 Intervalle entre deux actes.

193   Un *lit de plume* à grand frais amassée.
       BOILEAU.

L'emploi du nombre dans les substantifs unis par la préposition *de* offre quelques difficultés que la raison peut seule résoudre.

On n'emploie pas des *plumes*, mais de la plume pour

faire un lit. On dira un paquet de *plumes*, parce qu'ici les plumes se comptent par individu.

Des bouquets de *roses*, des bouquets de *jasmin*; c'est-à-dire des bouquets faits avec des roses et du jasmin.

Gelée de *groseille*. Sucre de *pomme*. Compote de *pommes*.

Dans la gelée de groseille et dans le sucre de pomme, le fruit a perdu l'idée de pluralité qui disparaît; les mots *groseille* et *pomme* sont employés seulement pour qualifier *gelée* et *sucre*; tandisque dans la compote de pommes, l'idée de pluralité domine, les pommes y étant visibles.

194   Je prends à *témoin* ces bois, ces praîries,

Mme DESHOULIÈRE.

On écrit sans *s* je les prends à *témoin*, parceque ce mot signifie témoignage, et on écrit avec un *s* je vous prends pour *témoins*.

195   Dieu est le créateur de *toutes choses*.

Toutes choses signifie ici tous les êtres de l'univers, on doit donc le mettre au pluriel; mais on doit mettre au singulier je ne ferai pas cela pour *toute chose* au monde, parceque cela signifie pour une chose quelle qu'elle soit.

Du genre des Substantifs.

196   C'est un *délice* de faire des heureux.

Délice, *orgue* et *amour* pris dans le sens de passion, sont masculins au singulier et féminins au pluriel.

Un *bel orgue*, de *belles orgues*.

Cependant *amour* est quelquefois masculin au pluriel.

197   . . . . pourquoi malgré nos chaînes,
Avons-nous combattu sous les *aigles romaines*.

VOLTAIRE.

Aigle, dans le sens d'armoirie, d'enseigne, est féminin; dans le sens d'oiseau de proie, il est des deux genres, selon qu'il désigne le mâle ou la femelle.

Dans toutes les autres acceptions, il est masculin; au figuré, il n'est jamais d'un autre genre.

L'aigle d'une maison n'est qu'un sot dans une autre.

GRESSET.

198   Il a avalé *une couple* d'œufs.

Couple est du féminin quand il est employé pour le

nombre deux ; mais il est masculin lorsqu'il donne une idée d'union.

> Ce fut *un couple* bien assorti.
> *Un couple* d'amis. *Un couple* de pigeons.

199   *La foudre* étincelante éclate dans la nue.

Foudre employé au propre est du féminin, au figuré il est masculin.

> *Le foudre* vengeur. *Un foudre* de guerre.

200   *Les anciennes hymnes* de l'église ont le mérite de la simplicité.

Hymne est féminin dans le sens de chant d'église, et masculin quand il se dit d'un chant profane.

> Des *hymnes* guerriers.

201   Le premier *œuvre* de Grétry.

OEuvre recueil de tous les ouvrages d'un musicien, d'un graveur est masculin. On dit aussi le *grand œuvre* en parlant de la pierre philosophale. Il est féminin dans ses autres acceptions.

> Chacun sera jugé selon ses *bonnes* et ses *mauvaises œuvres*.
> On a fait une très belle collection de *toutes les œuvres* de nos grands écrivains.

202   Cette *office* est *grande* et *commode*.

Office est féminin seulement quand il s'agit du lieu où l'on garde ce qui se sert sur la table, ou de l'art de préparer le dessert. Ainsi l'on dit : *l'office divin*, je vous remercie de vos *bons offices*.

203   Voilà de *belles orges*.

Orge est du féminin quand on parle de l'orge qui est sur pied, il est du masculin quand on parle de l'orge en grains.

> De *l'orge perlé*.

204   *Personne* n'est *venu*.

Personne employé dans un sens indéfini est masculin, dans un sens défini il est féminin.

> C'est une *belle personne*.

Il y a encore d'autres substansifs qui changent de genre en changeant d'acception ; mais l'usage les fera connaître.

CHAPITRE III.

L'Adjectif.

205   *Feu* votre mère m'avait donné cette bague.

L'adjectif *feu* est invariable quand il n'est pas précédé d'un article ou d'un adjectif possessif; placé après ces mots il s'accorde avec le nom.

Ma feue nièce; *la feue* reine.

On s'exprimerait mal si l'on disait *la feue reine* dans un pays ou il n'y aurait pas de reine vivante, il faudrait alors dire *feu* la reine.

206   Il demeure à une *demi-lieue* de la ville.

Les adjectifs *demi* et *nu*, placés avant le substantif, ne prennent ni genre ni nombre ; mais s'ils sont placés après, il cessent d'être invariables.

Une livre et *demie*. Les pieds *nus*.

Demi ne prend jamais la marque du pluriel; cette phrase : il a étudié deux ans et *demi*, équivaut à celle-ci : il a étudié deux ans et un *demi* an.

207   Instruits par l'expérience, les *vieilles gens* sont soupçonneux.

Quoique le mot *gens* soit de sa nature masculin, les adjectifs qui le précèdent sont féminins ; cependant si ce mot est suivi d'un déterminatif, comme dans : *gens de bien*, *gens de lettres*, l'adjectif qui le précède reste au masculin : de *vertueux* gens de lettres.

208   *Tous* les *honnêtes* gens.

Si l'adjectif a la même terminaison pour les deux genres, et qu'il soit précédé de *tout*, ce dernier mot restera au masculin, dans le cas contraire, il prendra le genre féminin.

Toutes ces *bonnes* gens.

209   *On* n'est pas toujours *jeune* et *jolie*.

Le substantif *on*, à cause de sa signification vague, est du genre masculin, cependant il y a des circonstances qui marquent si précisément qu'on parle des femmes, que l'adjectif qui accompagne ce substantif prend le genre féminin.

Il en est de même pour le nombre, lorsque le sens indique évidemment que *on* se rapporte à plusieurs personnes, l'adjectif prend la marque du pluriel : *on* est tous *égaux.*

210   Elle avait dans ses cheveux des rubans *ponceau.*

Dans cette phrase et dans d'autres analogues : des chapeaux *orange*, des robes *bleu clair*, etc. ; les mots *ponceau, orange, bleu clair*, ne sont point adjectifs, ce sont des substantifs qui par ellipse sont joints à d'autres pour les modifier et par conséquent restent invariables ; mais on dit des rideaux *cramoisis*, des chapeaux *roses*, parce que ces mots sont passés à l'état d'adjectifs.

211   Ces orateurs sont restés *court.*

Il y a un grand nombre d'adjectifs qui sont pris adverbialement, c'est-à-dire qu'ils ne figurent dans la phrase que pour modifier le verbe auquel ils sont joints ; ils sont alors invariables : il a vendu *cher* sa vie, il prit ses mesures si *juste*, etc.; mais ces mêmes mots s'accordent dans les phrases suivantes : sous Henri IV on portait des manteaux *courts*. Ces étoffes me paraissent *chères* ; parce qu'ils modifient les noms qu'ils accompagnent.

212   Ils ont les *mêmes* défauts
       On admire *même* ses défauts.

Même est adjectif ou adverbe, il est adjectif lorsqu'il exprime une idée de similitude, comme dans les *mêmes* défauts. Il est adverbe lorsqu'il réveille une idée d'extension, et peut se rendre par *de plus, aussi, sans excepter, jusqu'à* : on admire *jusqu'à* ses défauts.

213   Des enfans *nouveau nés.*
       Des blés *clair semés.*
       Des fleurs *fraiche cueillies.*

Dans ces expressions les adjectifs *nouveau, clair, fraiche*, sont employés comme adverbes, et par conséquent restent invariables :
       Des enfans *nouvellement* nés.
       Des fleurs *fraichement* cueillies.

214   Cette robe et ce chapeau sont *jolis.*

Un adjectif se rapportant à plusieurs substantifs se met

au pluriel et au masculin, si les substantif sont de différens genres.

215   La bouche et les yeux *ouverts*.

Quand l'adjectif n'a pas la même terminaison pour les deux genres, l'euphonie veut que l'on énonce le masculin le dernier; il serait donc mal de dire :

Les *yeux* et la *bouche ouverts*.

216   Le *fer*, le *bandeau*, la *flamme* est toute prête.

RACINE.

Lorsque l'adjectif accompagne plusieurs substantifs dont le dernier explique ceux qui le précèdent, ou est plus énergique, l'adjectif s'accorde avec le dernier.

Le fer, le bandeau s'effacent devant l'idée de flamme qui doit dévorer une victime innocente et chère.

Il en est de même pour les adjectifs précédés de plusieurs mots à peu près synonymes :

Toute sa vie n'a été qu'un *travail*, qu'une *occupation continuelle*.

Des Adjectifs numériques.

217   Les *quarante* de l'académie. Les *quatre* temps.

Les adjectifs numériques restent invariables, même quand ils sont employés substantivement.

218   Quatre-*vingts* hommes. Deux *cents* chevaux.

Vingt et *cent* prennent un *s* lorsqu'ils sont procédés d'un nombre qui les multiplie, à moins qu'ils ne soient suivis d'un autre nombre, ou qu'ils ne soient l'abréviation des mots vingtième et centième :

Quatre-*vingt* dix hommes.

Cinq *cent* vingt hommes.

Page deux *cent*.

219   Sur deux *mille* habitans, il n'y en a pas un de riche.

Mille exprimant la quantité est toujours invariable; employé comme substantif, dans le sens de mesure itinéraire, il prend la marque du pluriel.

Les *milles* d'Angleterre sont plus longs que les *milles* d'Italie.

220   'Une peste affreuse ravagea la France en *mil* trois cent quarante-huit.

On écrit *mil* dans la supputation des années, jusqu'au deuxième millésime de l'ère chrétienne ; dans tout autre cas on met *mille* : l'an trois *mille* du monde. On verra cela l'an deux *mille* quatre cent quarante.

Adjectifs indéterminés.

221   *Aucun* contre-temps ne doit altérer l'amitié.

Aucun, signifiant pas un, n'est usité qu'au singulier, à moins que le substantif auquel il se rapporte ne s'emploie au pluriel : il n'a fait *aucuns* frais, *aucuns* préparatifs.

222   *Quelques* amis suivirent ce prince dans son exil.

Quelque est adjectif ou adverbe ; adjectif il ne varie que pour le nombre ; adverbe il est invariable et modifie un adjectif ou un adverbe : *quelque* grandement logée qu'elle soit.

Il est alors mis pour *si, environ, à peu près.*

223   *Quels que* soient les humains, il faut vivre avec eux,
Un mortel difficile est toujours malheureux.
Gresset.

Quel que s'écrit en deux mots (quel que) lorsqu'il est suivi d'un verbe et alors le premier est adjectif et s'accorde en genre et en nombre avec le sujet du verbe : *quelle que* soit votre intention.

224   *Quelques* belles qualités que l'on ait.

Quelque joint à un substantif seul ou accompagné de son adjectif, s'accorde en nombre avec le substantif.

Dans cet exemple le mot *quelque* modifie *qualités* et non *belles* ; il est adjectif et non adverbe, ce qui le prouve c'est qu'on peut supprimer l'adjectif ou le transporter sans nuire à la signification de *quelque* : *quelques* qualités que l'on ait.

225   Employer *tout* son crédit, *toute* son industrie pour servir son ami, c'est remplir un devoir.

Tout est comme *quelque*, adjectif ou adverbe ; adjectif, il modifie un substantif et s'accorde avec lui ; adverbe, il modifie un adjectif, reste invariable, et signifie *tout-à-fait, entièrement, quelque,* ce sont des enfans *tout* pleins d'esprit.

4

226   Certes tu me dis là une chose *toute* nouvelle.

Molière.

L'euphonie rend variable *tout* adverbe lorsqu'il précède un adjectif qui commence par une consonne ou par un *h* aspiré.

227   *Tout* Florence en est abreuvé.

Lorsque *tout* précède un nom de ville, il prend le genre masculin, quoique celui-ci soit féminin, parce qu'il s'accorde avec le nom *peuple* sous-entendu ; c'est comme si l'on disait : *tout* le *peuple* de Florence.

228   Les Français sont *tout* feu pour entreprendre.

Tout est généralement considéré comme adverbe et conséquemment indéclinable lorsqu'il précède un participe présent précédé du mot *en* : elle sortit *tout* en grondant ;

Une préposition : elle se tient *tout* de travers ;

Ou un nom qui sert à en qualifier un autre :

Le chien est *tout* zèle, *tout* ardeur, *tout* obéissance.

Buffon.

Place de l'Adjectif.

229   Les gens *simples* sont crédules, sans déguisement, sans malice.

La place de l'adjectif, par rapport au substantif, n'est pas déterminée. L'usage et l'oreille sont, en général, les seuls guides qu'on doive suivre ; cependant il y a des circonstances ou la place de l'adjectif en modifie la signifition.

Un *grand* homme est un homme d'un grand mérite moral.

Un homme *grand* est un homme d'une grande taille.

Un homme *honnête* est un homme qui a de la politesse.

Un *honnête* homme est un homme qui a de la probité.

Emploi de l'Adjectif.

230   Cette faute est *impardonnable*.

Il y a des adjectifs qui ne conviennent qu'aux personnes, d'autres qui ne conviennent qu'aux choses.

Pardonnable, pardonné, contestable, ne s'emploient que pour les choses. On ne pourrait donc pas dire un homme *pardonnable,* j'ai *pardonné* ma fille, mais j'ai *pardonné* à ma fille; on voit que pardonné s'applique aux personnes, mais seulement avec un régime indirect.

231   Ce père est *utile* et *cher* à sa famille.

Un substantif peut être régi par deux adjectifs, pourvu que les rapports qui les lient soient exprimés par la même préposition.

Ce père est *utile* et *cher* à sa famille, est une phrase correcte, parceque les adjectifs *utile* et *cher* régissent la même préposition; on dit *utile à, cher à,* mais on ne pourrait pas dire cet homme est *utile* et *chéri* de sa famille, parceque *utile* et *chéri* ne veulent pas après eux la même préposition; dans ce cas, il faut appliquer à chaque adjectif le régime qui lui convient, cet homme est *utile* à sa famille et en est *chéri.*

232   Je n'en excepte personne, *quel qu'il* soit, *quel qu'il* puisse être.

Souvent on confond *tel que* avec *quelque;* mais *tel que* régit l'indicatif qui est le mode de l'affirmation, parce que dans la phrase où on l'emploie, il a un sens précis et positif.

Tel est le caractère des hommes, qu'ils ne sont jamais contens de ce qu'ils possèdent.

L'ACADÉMIE.

233   *Quelque* temps qu'il fasse, je sortirai demain.

Quelque, au contraire, laisse dans l'indécision la qualité, l'état, la manière d'être de la personne, et par cette raison il régit le subjonctif, qui est le mode affecté au doute.

Il en est de même de *tel* ou *quel* pour *quelque.*

Ainsi il faut dire: *quelque* temps qu'il fasse, et non *quel* ou *tel* temps qu'il fasse.

CHAPITRE IV.
De l'article.

234   *Le* père et *la* mère de cet enfant le gâtent.

L'article doit être répété avant chaque substantif; ce se-rait une faute de dire : *les père* et *mère*, etc.

Cette règle s'applique à tous les mots qui tiennent lieu de l'article. Il faut donc dire, *son* père et *sa* mère et non *ses* père et mère.

235 Je me suis servi *du* grand papier qui était au magasin. Je me suis servi *de* grand papier.

On voit qu'on doit employer l'article avant tous les subs-tantifs communs pris déterminément; mais on ne doit ja-mais en faire usage avant ceux qu'on prend indéterminé-ment.

236 *Pauvreté* n'est pas *vice*.

On emploie quelquefois les noms sans article pour don-ner plus de vivacité, de force ou de grâce au discours, sou-vent aussi lorsqu'on fait une énumération :

Citoyens, étrangers, ennemis, peuples, rois, em-pereurs le plaignent et le révèrent.

237 C'est sur le dos que les sangliers ont la peau *le plus* dure.

Dans cet exemple, l'article qui précède *plus* est pris ad-verbialement, et par conséquent n'est susceptible d'aucune distinction de genre ni de nombre ; c'est sur le dos que le sanglier a la peau *le plus* dure, signifie qu'il a la peau dure *le plus*, au plus haut degré.

Si l'on avait dit c'est le sanglier qui a la peau *la plus* dure, on aurait établi une comparaison entre la peau du sanglier et celle d'autres animaux, dans ce cas l'article s'accorde avec le substantif; ainsi, en parlant d'une femme, on dit : dans une fête elle était *la plus* belle, *la plus* jolie, mais on devrait dire c'est dans son négligé qu'elle est *le plus* jolie.

CHAPITRE V.

Du Pronom.

238 Voilà l'homme, en effet, *il* va du blanc au noir ;
Il condamne au matin, ses sentimens du soir.
BOILEAU.

Le pronom s'accorde en nombre, en genre et en personne avec le nom qu'il rappèle.

239   Licinius étant venu à Antioche et se doutant de l'imposture, *il* fit mettre à la torture le prophète de ce nouveau Jupiter.

Lorsque le sujet du verbe vient d'être énoncé, le pronom ne doit pas précéder ce verbe ; ainsi cette phrase n'est pas correcte, on doit supprimer le pronom *il*, puisque Licinius est le sujet du verbe.

240   Moliére a surpassé Plaute dans tout ce qu'*il* a fait de meilleur.

Dans l'emploi du pronom, ce qu'il faut surtout éviter, ce sont les équivoques ; ici on ne sait pas d'abord si Molière dans tout ce qu'*il* a fait de meilleur a surpassé Plaute, ou si Plaute, dans tout ce qu'il a fait de meilleur a été surpassé par Molière.

Soi comparé avec Lui.

241   On a souvent besoin d'un plus petit que *soi*.

LAFONTAINE.

On fait usage de *soi* dans les propositions générales ou indéterminées.

242   Ce jeune homme, en remplissant les volontés de son père, travaille pour *soi*.

Soi se rapportant à des personnes peut aussi s'employer dans les propositions qui présentent un sens déterminé, lorsque l'emploi de *lui* ou de *ceux* pourrait donner lieu à une équivoque, car si l'on disait travaille pour *lui*, on ne saurait si le jeune homme travaille pour lui ou pour son père.

Y comparé avec Lui.

243   J'ai connu le malheur, et j'*y* sais compâtir.

GUICHARD.

Le pronom *y* s'emploie pour les choses, à moins que les objets soient personnifiés ; alors on le remplace par *lui* et *leur* qui se disent des personnes.

J'aime la musique, je *lui* consacre une grande partie de mon temps.

Cependant l'usage permet de dire je connais cet homme et je ne m'*y* fie pas.

On se sert aussi de *y* dans les réponses aux interrogations.

Pensez-vous à moi? j'*y* pense.

Le , La , Les.

244   Est-ce là votre appartement? ce *l*'est.

Ce serait une faute de répondre c'est *lui*, parce que dans ce cas, *lui* ne se dit que d'une personne.

Les pronoms *lui*, *eux* et *elles* ne remplacent pas les choses, quand ils sont régimes indirects; alors on les supplée par les pronoms *le, la, les, y*. Au lieu de dire, en parlant d'une maison : je *lui* ajouterai un pavillon, vous direz , j'*y* ajouterai.

245   Je *les* empêcherai de partir.

Ce serait une faute de dire : je leur empêcherai, parce qu'on doit empêcher quelqu'un et non empêcher à quelqu'un.

Ce serait aussi une faute de retrancher le régime direct d'un verbe transitif : il veut un bouquet, dites : je *le lui* donnerai, et non je lui donnerai.

246   Va , je ne te hais point. Tu *le* dois. Je ne le puis.

CORNEILLE.

Le pronom *le* peut tenir la place, soit d'une proposition, soit d'un verbe, soit d'un adjectif, soit d'un nom.

Lorsque ce pronom tient la place d'une proposition, ou d'un verbe, ou d'un adjectif, ou d'un substantif pris adjectivement, il est invariable.

247   Êtes-vous la maîtresse du logis? je *la* suis.

Lorsque ce pronom tient la place d'un nom, soit commun, soit propre, il se présente sous la même forme que ce nom.

Aux questions suivantes,	il faut répondre :
Êtes-vous la mariée?	— je *la* suis.
Êtes-vous la maîtresse du logis?	— je *la* suis.
Êtes-vous les héritiers du défunt?	— nous *les* sommes.
Êtes-vous mariée?	— je *le* suis.
Êtes-vous maîtresse du logis?	— je *le* suis.
Êtes-vous héritiers du défunt?	— nous *le* sommes.

Construction de plusieurs pronoms régimes.

248   Accordez-moi votre amitié; si vous me la refusez,
    j'en serai vivement affecté.

Quand plusieurs pronoms régimes accompagnent un verbe, *me, te, se, nous, vous,* doivent être placés les premiers.

Mais si c'est un verbe à l'impératif sans négation, le pronom régime direct se place le premier, excepté *moi, toi, le, la,* construits avec *y.* Donnez-*le* nous.

Si tu vas en voiture, donnes-*y-moi* une place.

Pronoms conjonctifs.

Qui, que.

249   J'ai acheté, il y a un mois, une glace, *qui* est très
    bon marché.

Qui et *que* doivent se placer le plus près possible du nom qu'ils servent à rappeler dans la phrase; ainsi on parlerait mal si l'on disait : *j'ai acheté une glace, il y a un mois, qui est très bon marché,* car on ne saurait si c'est le mois ou la glace qui est très bon marché.

250   C'est un effet de la divine Providence, *lequel* attire
    l'admiration de tout le monde.

Quand l'emploi du pronom *qui* ferait une équivoque, on emploie *lequel, laquelle,* etc.

251   C'est de vous *que* je parle.

Ne dites pas : c'est *de* vous *dont* je parle, c'est *à* vous *à qui* je parle, parce qu'un même rapport ne peut se trouver répété deux fois dans la même proposition.

Dites : C'est vous *dont* je parle.

C'est vous *à qui* je parle.

Pronoms démonstratifs.

Ceci, cela, celui-ci, celle-là.

252   Tel est l'avantage ordinaire qu'ont sur la beauté les talens; *ceux-*
   ci plaisent dans tous les temps, *celle-là* n'a qu'un temps pour
   plaire.

                Voltaire.

Ceci et *celui-ci* se rapportent à une chose qui est proche, ou à ce qui a été dit en dernier lieu; tandis que *cela* et *celui-là* se rapportent à un objet un peu éloigné. Supposons qu'il soit question de deux livres placés sur une table, mais l'un à l'extrémité de la table, et l'autre presque sous ma main, je dirai, en parlant du dernier, donnez-moi *celui-ci* (le plus près), et en parlant de l'autre, donnez-moi *celui-là* (le plus loin).

La même règle s'applique à *voici* et *voilà*,

Substantifs indéterminés.

On.

253   Au jugement dernier, *Dieu* nous demandera ce que nous avons fait.

Le substantif *on* ne se dit absolument que des personnes; toutefois on n'en fait point usage en parlant de *Dieu*; ce serait donc une faute de dire : au jugement dernier, *on* nous demandera, etc.

254   Ce *que l'on* conçoit bien s'énonce clairement.

BOILEAU.

On fait précéder *on* de la lettre euphonique *l* après les mots *et, si, ou, que* et *qui*, à moins que *on* soit suivi de *le, la, les*. On dira donc : je ne veux pas qu'*on le* tourmente, plutôt que : je ne veux pas que *l'on le* tourmente.

255   *On* croit être aimé et *on* ne l'est pas.

On doit se répéter avant chaque verbe auquel il sert de sujet ; toutefois, quand on répète ce mot, on doit toujours, pour éviter l'obscurité, le faire rapporter à un seul et même sujet ; par conséquent, les phrases suivantes ne sont pas correctes :

On dit qu'*on* a pris telle ville.

On croit être aimé et l'*on* ne vous aime pas.

Il faut dire : *on* dit que telle ville a été prise.

256   *On n*'a rien à faire.

Quand *on* précède un verbe négatif, il faut bien se garder de supprimer le *n* qui caractérise la négation, et ne pas écrire : *on à rien à faire*.

Pour s'assurer si le verbe est négatif, on n'a qu'à substituer le pronom personnel *je* au substantif *on*. Ainsi, *j'ai rien à faire* choquerait l'oreille la moins délicate; on verrait de suite que la négation est impérieusement exigée.

L'un et l'autre.

257   Osons opposer Socrate même à Caton ; *l'un* était plus philoso-
phe, et *l'autre* plus citoyen.

J.-J. ROUSSEAU.

L'un se met pour les personnes et pour les choses dont on a parlé d'abord, *l'autre* pour celles dont on a parlé en dernier lieu. Ici *l'un* se rapporte à Socrate et *l'autre* à Caton.

CHAPITRE VI.

Accord du verbe avec son sujet.

258   La religion *veille* sur les crimes secrets, les lois *veillent* sur les crimes publics.

Le verbe s'accorde avec son sujet en nombre et en personne.

259   Lui et elle *viendront* à la campagne avec moi.

Lorsque le verbe a deux ou plusieurs sujets, on le met à la troisième personne du pluriel. D'après le même principe, on dit généralement :

L'un et l'autre *viendront* avec moi.

Ni l'un ni l'autre n'*ont* fait leur devoir.

Cependant on fait usage du singulier dans ces phrases :

Ni l'un ni l'autre n'*est* mon père.

Ce ne *sera* ni M. le duc, ni M. le comte qui *sera* nommé ambassadeur d'Espagne.

Parce qu'on n'a qu'un père, parce qu'il ne doit y avoir qu'un ambassadeur en Espagne, et qu'alors l'action ne tombe que sur l'un des deux sujets.

260   La vertu *de même que* le savoir *a* son prix.

Dans les phrases où deux substantifs ou bien deux pronoms sont liés par une des conjonctions : *de même que, aussi bien que, comme* et autres semblables, c'est avec le premier substantif que l'accord a lieu, parce qu'il n'y a pas addition de plusieurs substantifs, mais comparaison.

Le substantif placé après la conjonction est le sujet d'un verbe sous-entendu.

261 La *douceur*, la *bonté* du grand Henri *a été* célébrée par mille
louanges.

Pélisson.

On fait accorder le verbe avec le dernier substantif,

1° Quand les substantifs ont une sorte de synonymie,
parce qu'alors il y a unité dans la pensée.

262 Ce sacrifice, votre intérêt, votre honneur, *Dieu* vous
le *commande*.

2° Lorsque l'esprit s'arrête sur ce substantif, soit parce
qu'il a plus de force que ceux qui le précèdent, soit parce
qu'il est d'un tel intérêt qu'il fait oublier tous les autres.

263 Lui ou elle *viendra*.

Lorsqu'un verbe a deux sujets unis par la conjonction,
ou, on fait accorder le verbe avec le dernier.

Cette règle s'applique à *l'un* ou *l'autre*; on dira donc :
L'un ou *l'autre* vous *écrira*.

264 *Vous* et *moi* nous *sommes* contens de notre sort.

L'Académie.

Quand le verbe a plusieurs sujets de différentes personnes, il se met au pluriel et s'accorde avec la personne
qui a la priorité. La première personne a la priorité sur la
seconde, et la seconde personne sur la troisième.

Qui *sujet*.

265 C'est nous *qui avons* sollicité vos juges.

Le pronom *qui* prend le nombre et la personne du nom
ou du pronom auquel il se rapporte, et les communique au
verbe dont il est le sujet.

Accord du verbe avec les substantifs collectifs.

266 On cite des femmes Spartiates, une *foule* de *mots* qui *annoncent*
le courage et la force.

Thomas.

Lorsqu'un substantif collectif se trouve suivi d'un autre
nom, il est difficile de connaître avec lequel des deux le
verbe doit s'accorder; il faut bien se pénétrer de ce que l'on
veut exprimer, car le sens est alors le seul guide.

Une *foule* d'hommes encombrait la rue.

Dans le premier exemple, ce sont les *mots* qui annoncent

le courage et la force, c'est le substantif qui est sujet, parce que c'est lui qui occupe la pensée.

Dans le second, le sujet est la *foule*, car c'est parce qu'il y avait une foule, que la rue était encombrée.

267   La *plupart* des hommes se souviennent bien mieux des services qu'ils rendent que de ceux qu'ils reçoivent.

Scudéry.

Après les expressions collectives, telles que la *plupart*, *beaucoup*, *peu*, *combien*, *assez*, le verbe s'accorde avec le complément, exprimé ou sous-entendu, de ces expressions.

Beaucoup sont appelés et *peu* sont élus.

Accord avec ce.

268   *C'est* des contrastes que résulte l'harmonie.

Bernardin-de-St-Pierre.

Le verbe être, précédé immédiatement du pronom *ce* et uni à un substantif pluriel par une préposition, se met toujours au singulier.

269   *Ce* ne *sont* ni les arts, ni les métiers qui peuvent dégrader l'homme, *ce* sont les vices.

Bernardin-de-St-Pierre.

Ce, devant le verbe *être*, demande que le verbe soit au singulier, excepté quand il est suivi de la troisième personne du pluriel.

Ainsi l'on dira avec le verbe *être* au singulier :

Dans les ouvrages de l'art, *c'est* le travail et l'achèvement qu'on considère.

Boileau.

Ce sera nous tous qui nous ressentirons de sa bonté.

270   *Est-ce* les Anglais que vous aimez ?

Dans les phrases interrogatives, lorsque le verbe pluriel choquerait l'oreille, comme si l'on disait : *Furent-ce* les Romains qui vainquirent ? on doit prendre un autre tour, ou employer le verbe au singulier, comme dans le premier exemple.

Néanmoins d'excellens auteurs font indifféremment rapporter le verbe être, soit au substantif qui le suit, soit au pronom *ce*.

Racine a dit dans Andromaque :

Ce *n'est* pas les Troyens, c'est Hector qu'on poursuit.

Du complément des verbes.

271 Le souverain créateur *préside* et *règle* le mouvement des astres.

Cette phrase est vicieuse, parce que chacun des verbes exige un complément différent ; il fallait dire : le souverain créateur préside au mouvement des astres et le règle.

272 Ne *vous* informez pas *ce que* je deviendrai.

Un verbe transitif ne peut avoir deux complémens immédiats, parce qu'une seule action ne peut avoir, sous un même rapport, qu'un objet immédiat et direct ; aussi a-t-on critiqué ce vers de Racine ; car *vous* et *ce* sont l'un et l'autre régimes directs ; ne *vous* informez pas *de ce que* je deviendrai, eût été une phrase correcte.

173 C'est à vous, mon esprit, *à qui* je veux parler.

BOILEAU.

On ne peut pas non plus donner à un verbe deux complémens médiats pour exprimer le même rapport.

Boileau a donc fait une faute dans ce vers ; il fallait :

C'est à vous, mon esprit, *que* je veux parler.

Nous nous sommes déjà occupés de cette difficulté à propos des pronoms relatifs.

274 L'ambition, qui est prévoyante, sacrifie le *présent* à l'*avenir*.

TERRASSON.

Lorsqu'un verbe a deux complémens, le plus court se place *ordinairement* le premier ; mais si les complémens sont de la même longueur, le complément immédiat se place avant le complément médiat.

Ici le complément immédiat (le présent) est le premier, parce qu'il est de même longueur. Mais dans la phrase suivante : faites-lui *tout le bien* qui est en votre pouvoir, le complément immédiat, *tout le bien*, est le dernier, parce qu'il est le plus long.

Du Participe.

Participe présent.

275 L'autre esquive le coup, et l'assiette *volant*,
S'en va frapper le mur, et revient en *roulant*.

BOILEAU.

Le participe présent offre plusieurs difficultés qui viennent de sa ressemblance parfaite, quant à la forme, avec l'adjectif verbal.

Si le mot en *ant* sur la nature duquel on a des doutes, peut se décomposer par un autre temps du verbe, précédé du *qui* relatif, ou de l'un de ces mots : *lorsque, puisque, parce que*, c'est un participe.

Ainsi, dans cette phrase, comme on peut dire : l'assiette *qui volait, volant* est un participe, et par conséquent invariable comme verbe au mode indéfini.

276   Des esprits bas et *rampans* ne s'élèvent jamais au sublime.

Si le mot en *ant* qui présente du doute peut se construire avec un des temps du verbe *être*, précédé du relatif *qui*, ce mot est un adjectif verbal, puisqu'il est dans la nature de tout adjectif de pouvoir être précédé de ce verbe exprimé ou sous-entendu; en conséquence, comme on peut dire des esprits *qui sont rampans, rampant* est un adjectif verbal et s'accorde avec le nom qu'il qualifie.

Le participe présent exprime, de même que tous les verbes, une action faite par le mot qu'il modifie, comme : *allant, marchant, frappant*, ou une opération de l'esprit, comme : *pensant, désirant*.

L'adjectif verbal exprime une qualité, une disposition à agir, plutôt qu'une action, et une manière d'être permanente.

J'ai vu cette mère *caressant* son fils.

Cette mère est *caressante*.

Du participe passé.

277   Les méchans ont bien de la peine à demeurer *unis*.

FÉNÉLON.

Le participe passé, employé sans auxiliaire, ou accompagné du verbe être, s'accorde, comme l'adjectif, en genre et en nombre avec le substantif ou le pronom qu'il modifie.

Je ne vois rien, ici, dont je ne sois *blessée*.

Bérénice de RACINE.

278   Vous trouverez *ci-inclus* mes deux lettres.

Les participes *attendu, vu, supposé, excepté, y compris, ci-joint, ci-inclus*, sont invariables, lorsqu'ils précèdent le substantif qu'ils qualifient, parce qu'alors ils sont considérés comme des espèces de prépositions.

Mais on doit dire : des événemens *attendus*, vous trouverez mes deux lettres *ci-incluses*, parce que les participes *attendus, ci-incluses*, sont placés après le substantif qu'ils modifient.

279   Les solides trésors sont ceux *qu'on a donnés*.

Racine fils.

Tout participe passé, employé dans les temps composés d'un verbe transitif, s'accorde avec son objet, lorsqu'il en est précédé.

280   Didon *a fondé*, sur la côte d'Afrique, *la superbe ville de Carthage*.

Fénélon.

Lorsqu'au contraire le participe passé précède l'objet auquel il se rapporte, il demeure indéclinable.

Le participe passé d'un verbe qui n'a pas de régime direct doit rester invariable, et on doit écrire :

Ils ont *chanté*, elle a *répondu*, elles ont *écrit*.

Participes passés suivis d'une préposition ou d'un infinitif.

281   La lettre que j'ai *présumé* que vous recevriez.

Quand un participe passé est suivi d'une préposition ou d'un infinitif exprimé ou sous-entendu, il reste invariable par la raison qu'il a pour objet, soit la préposition subordonnée, soit le verbe à l'infinitif.

En effet j'ai *présumé* quoi? que vous recevriez la lettre.

Les choses que j'ai *cru* faire, j'ai *cru* quoi? faire les choses.

Il a eu de la cour toutes les grâces qu'il a *voulu*.

Il a *voulu* quoi? avoir toutes les grâces.

282   Voici la robe qu'on m'a *donnée* à *faire*.

Quand le participe passé est suivi d'une préposition et d'un infinitif, il faut soigneusement examiner quel est l'objet.

Le participe doit rester invariable, s'il se rapporte à l'infinitif, et s'accorder, s'il a pour objet le substantif ou le pronom qui précède.

> Il se trouva hors de la route qu'il avait *résolu* de suivre.
>
> BOURDALOUE.

Dans le premier exemple, on a *donné* quoi ? la robe à faire.

Dans le second, il a *résolu* quoi ? de suivre la route.

On reconnaît qu'il y a accord, lorsque le substantif peut se placer entre le participe et la préposition.

On a donné la *robe* à faire.

Participe passé suivi d'un infinitif sans préposition.

283   Ces acteurs, je les ai *vus jouer*, et je les ai même *entendu siffler*.

Lorsqu'un participe est suivi d'un infinitif sans préposition, il faut examiner auquel du participe ou de l'infinitif appartient le régime direct ; si l'infinitif est un verbe transitif, nulle difficulté, puisqu'il ne saurait avoir un régime direct.

Dans le cas contraire, le sens de la phrase peut seul indiquer auquel des deux appartient le régime direct.

Dans les phrases où le régime direct a un rapport direct avec le participe, le verbe à l'infinitif se résout par le participe présent ou par le relatif *qui* et l'imparfait : j'ai vu les acteurs *jouant*, qui jouaient, au lieu qu'on n'a pas entendu les acteurs *sifflant* qui sifflaient ; mais on a entendu les acteurs être sifflés.

284   Je les ai *fait passer*.

Le participe *fait*, suivi d'un infinitif est toujours invariable, parce qu'il forme avec l'infinitif un sens indivisible.

Participe précédé du pronom en.

285   Je sais que vous aimez les fleurs, j'*en ai cueilli* pour vous.

Dans cette phrase, le pronom *en* est un mot partitif ; car il n'exprime pas la totalité des fleurs, mais il en désigne une partie. En effet, on n'a pas cueilli toutes les fleurs, mais on *en a cueilli* quelques-unes, une certaine quantité, et le pronom *en* n'est que le complément médiat de ces expressions sous-entendues ; le participe doit donc rester invariable dans cette proposition et dans toutes celles analogues.

286   Il avait une jolie maison, il a dissipé follement tous les revenus qu'il *en a retirés.*

Si le pronom *en* précède un participe qui a un complément immédiat exprimé, il n'y a aucune difficulté ; il est alors lui-même complément médiat et n'influe nullement sur le participe, qui s'accorde avec son complément immédiat d'après les règles précédentes.

287   Des fleurs, *combien* j'*en* ai cueillies !

Le participe passé, précédé du pronom *en*, varie quand ce pronom, complément déterminatif d'une expression de quantité, représente un substantif pluriel dans une phrase affirmative ou exclamative.

Combien *en* avez-vous cueilli ?

Cueilli ne s'accorde pas, parce que la phrase est interrogative, et que le substantif n'est pas exprimé.

Des faveurs, moins il *en* a *demandé*, plus il *en* a *obtenu.*

Participe des verbes impersonnels.

288   Les chaleurs *qu'il a fait* pendant l'été.

Le participe passé d'un verbe impersonnel est toujours invariable. *Il a fait* est un gallicisme qui équivaut à *ont existé* : les chaleurs qui *ont existé.*

Participe passé se rapportant au pronom le, *tenant la place d'un adjectif ou d'une préposition.*

289   Cette histoire est plus intéressante que je ne *l*'avais *pensé.*

Ici le pronom *le* ne représente pas l'histoire, mais seulement l'adjectif *intéressante* ; ce qui le prouve, c'est qu'on ne dirait pas :

Ces histoires sont plus intéressantes que je ne *les* avais pensé.

Le pronom *le* signifie *cela* et tient la place, ou d'un adjectif, ou d'un verbe, ou de tout un membre de phrase. Par conséquent le participe qui est précédé de ce pronom doit rester au masculin singulier, car le substantif seul communique l'accord.

Participe passé précédé de le peu.

290   *Le peu* d'affection que vous lui avez *témoignée* lui a rendu le courage.

Le peu d'affection que vous lui avez *témoigné* lui a ôté le courage.

Quand le participe est précédé des mots *le peu* suivis d'un substantif, il s'accorde avec celui de ces deux mots qui est le plus en rapport d'idée avec lui.

Dans le premier exemple, on veut faire entendre qu'on a témoigné de l'affection peu en petite quantité, à la vérité; mais enfin on en a témoigné, *le peu* n'est donc là qu'une circonstance, l'affection occupe réellement la pensée et c'est pour cela que ce substantif détermine l'accord du participe.

Dans le second, il n'y a point du tout de confiance. Le mot *peu* y est employé par euphémisme (on appèle euphémisme une tournure particulière employée pour parler avec politesse) dans le sens d'insuffisance de négation, et c'est lui qui occupe la pensée et qui détermine l'accord du participe.

Participe passé employé dans les temps composés des verbes réfléchis.

291   Elle s'est *regardée* dans la glace.

Ils *se* sont *parlé*.

Dans les verbes réfléchis, le verbe *être* est employé pour le verbe *avoir*, le participe s'accorde avec son complément immédiat suivant les règles, ou rentre dans les observations qui en dépendent.

Il faut donc seulement remplacer *être* par *avoir* dans la question à faire pour trouver le complément.

Elle a *regardé* qui? *se* ou *soi*.

Ils ont *parlé* à qui? à *eux*.

Se, mis pour *à eux*, est donc un complément médiat, par conséquent point d'accord.

5

Emploi des auxiliaires être *et* avoir.

292   En deux jours la rivière *a crû* de deux pieds.

Depuis hier la rivière *est crue* de deux pieds.

Le verbe *avoir* sert à former les temps composés des verbes qui énoncent l'action, et le verbe *être*, des temps composés des verbes qui expriment l'état.

La plupart des verbes intransitifs prennent l'auxiliaire *avoir*, quelques-uns n'ont que l'auxiliaire *être*, et d'autres prennent *avoir* ou *être* selon le sens qu'on veut exprimer.

La rivière *a crû* depuis hier signifie l'action des eaux qui se sont élevées au-dessus des eaux de la veille ; mais la rivière *est crue* veut dire seulement que les eaux sont dans un état d'élévation supérieur à celui où elles étaient auparavant.

Cette personne *a changé* d'avis.

Cette femme *est* bien *changée* depuis sa dernière maladie.

Emploi des modes.
Infinitif.

293   Il vaut mieux être malheureux que *d'être* criminel.

Toutes les fois que l'infinitif ne présente pas d'équivoque, il doit être préféré à l'indicatif et au subjonctif, parce qu'il débarrasse la phrase d'une foule de petits mots dont l'emploi fréquent rend la construction louche et languissante ; voilà pourquoi la phrase que nous venons de citer est préférable à celle-ci : il vaut mieux *que vous soyez* malheureux que criminel.

294   Dieu nous a créés *pour travailler.*

Tout infinitif présent précédé d'une préposition, doit toujours se rapporter d'une manière claire et précise, soit au sujet de la proposition, soit au complément immédiat : soit au complément médiat.

L'infinitif *travailler* se rapporte au régime direct *nous.*

La vie est faite pour *travailler* est une proposition vicieuse, *pour travailler* ne se rapporte pas au sujet du verbe ; car la vie ne travaille pas ; mais il est en rapport avec *nous*, qui n'est pas dans la phrase, ce qui est essentiellement incorrect.

Présent de l'Indicatif.

295   Dieu *est* éternel.

Le présent marque qu'une chose est ou se fait dans le moment de la parole : *j'écris* ; cependant on l'emploie pour marquer des choses qui sont et qui seront toujours vraies.

296   Je *suis* de retour dans un moment.

On l'emploie aussi pour le futur et le passé, afin de donner plus de vivacité au discours ; toutefois cet emploi n'a lieu que relativement à un futur prochain, car l'on s'exprimerait mal si l'on disait je *succède* à mon père dans deux ans.

Il faut observer que les verbes qui sont en rapport dans la même phrase, doivent être au même temps ; ainsi l'on ne doit pas dire : il vole à sa rencontre et l'*embrassa*.

Imparfait.

297   Je *pensais* à vous quand vous êtes entré.

L'imparfait marque une chose faite dans un temps passé, mais comme présente à l'égard d'une chose faite dans un temps également passé.

Prétérit défini.

298   Je *passai* tout l'été dernier à la campagne.

Le *prétérit défini* et le *prétérit indéfini* ne s'emploient pas indifféremment l'un pour l'autre.

On ne doit se servir du *prétérit défini* que pour exprimer un temps absolument écoulé, et qui soit éloigné au moins d'un jour de celui où l'on parle.

Ainsi, vous ne direz pas : je *reçus* ce matin la visite de madame votre mère, parce que ce matin fait partie du jour où l'on est encore.

Prétérit indéfini.

299   *J'ai écrit* hier à Isabelle, et *j'ai vu* sa mère ce matin.

Le *prétérit indéfini* se dit également d'une période de temps entièrement écoulée et de celle où l'on est encore.

Il s'emploie quelquefois pour un futur antérieur. On dit : *J'ai* fini dans un moment, pour *j'aurai* fini.

Subjonctif.

300   J'*irai* dans une retraite où je *serai* tranquille.

J'*irai* dans une retraite où je *sois* tranquille.

Dans le premier exemple, le verbe de la proposition subordonnée est à l'indicatif, parce que celui qui parle veut exprimer une idée positive, il connait la retraite qu'il habitera.

Dans le second, le même verbe est au subjonctif, par la raison contraire, celui qui parle veut exprimer quelque chose d'incertain, de douteux, il ira dans une retraite où il espère être tranquille.

301   Je crains, je tremble, j'appréhende, j'ai peur qu'il ne *vienne*.

Le subjonctif est le mode du désir, de la crainte, et du commandement; ainsi le verbe de la proposition subordonnée se met au subjonctif, quand le verbe de la proposition principale exprime le désir, la crainte, ou le commandement, parce qu'alors ce verbe ne marque rien d'affirmatif.

Je *souhaite* qu'il *arrive* demain. Je *veux* qu'il *travaille*.

302   Il partira quoiqu'il *soit* malade.

On emploie le subjonctif après les expressions *quoique, bien que, encore que*, et plusieurs autres conjonctions que l'usage fait connaître.

303   L'évangile est le plus beau présent que Dieu *ait* pu donner aux hommes.

On met le verbe au *subjonctif* lorsqu'il est précédé d'une expression superlative, comme : *le plus, le meilleur, le moins, le mieux, le premier, le seul*, etc., ou lorsqu'il correspond à l'un des adjectifs : *nul, aucun, premier, dernier*, etc.

Les intérêts de la vanité sont les *derniers* qu'on *doive* ménager.

Mais si par ce verbe on veut présenter une chose comme incontestable, on fait usage de l'affirmatif. Voltaire a dit :

Egisthe est-il vivant ? avez-vous conservé
Cet enfant malheureux, le *seul* que j'ai sauvé.

De ces dames, c'est *la plus* jeune que je *connais*.

Imparfait.

304   Il *faudrait* que nous *fussions* maintenant à Londres.

L'imparfait du subjonctif, comme l'imparfait de l'indicatif, marque qu'une action est simultanée relativement à une autre action ; de plus, il exprime un futur conditionnel.

Je *souhaitais* que vous ne *vinssiez* que demain.

Préterit.

305 Je suis enchanté que vous *ayez fait* sa connaissance.

Le prétérit du subjonctif indique une action passée, il exprime aussi un futur antérieur.

Nous ne cacheterons pas cette lettre que vous ne *l'ayez tue.*

Plus-que-parfait.

306 Je ne croyais pas que vous *eussiez* sitôt *fini.*

Le plus-que-parfait du subjonctif, comme le plus-que-parfait de l'indicatif, marque qu'une chose est passée à l'égard d'une autre chose qui est passée ; il est aussi susceptible d'une signification future.

Je voudrais que vous *eussiez fini* quand je reviendrai.

Que vous *eussiez fini* exprime un futur passé.

Observations sur quelques Verbes.

307 Ils sont *allés* à Rome.

ALLER. — Fait entendre qu'ils sont encore sur le chemin, et ils *ont été* à Rome, fait connaître qu'ils ont fait le voyage de Rome et qu'ils en sont revenus.

Être allé et *avoir été* font entendre un transport local, mais la seconde expression a encore un autre sens : *qui est allé*, a quitté un lieu pour se rendre dans un autre ; *qui a été*, a, de plus, quitté cet autre lieu où il s'était rendu.

308 Je *fus* le voir. Je *fus* lui parler ;

Est une faute, par la raison qu'on va voir, qu'on va parler ; mais on n'*est* point *voir*, on n'*est* point parlé ; il faut donc dire :

J'*allai* le voir. J'*allai* lui parler.

309 ÉVITER. — *Éviter* quelque chose à quelqu'un ;

Présente une faute grave ; en effet, éviter signifie esquiver, fuir quelque chose de nuisible ou de désagréable s'éloigner de ; on évite un coup, un piége, on évite un

ennuyeux, on évite une chose; mais on ne l'évite ni à soi ni
aux autres ; éviter n'a point de complément médiat. Dites
donc :

> *Epargner* quelque chose à quelqu'un.
>
> Je voudrais vous *épargner* cette peine.

310   FIXER. — Plus il *fixait* ce tableau , plus il excitait son
admiration.

Fixer signifie rendre fixe, stable, constant; on dit fixer
son attention, son imagination, ses goûts ;, on dit aussi
fixer ses regards sur quelqu'un, pour dire les arrêter sur
quelqu'un; mais c'est une faute d'employer ce verbe dans
le sens de regarder fixément. On devait donc dire : plus
il regardait ce tableau, plus il excitait son admiration.

311   JOUIR. — Nul ne peut être heureux, s'il ne *jouit* de
sa propre estime.

Jouir ne se dit que des choses avantageuses et agréables.
On jouit de ses travaux, de la lumière, d'une parfaite santé ; c'est donc mal s'exprimer que de dire : cette personne
jouit d'une mauvaise santé, d'une mauvaise réputation ;
en effet une mauvaise santé, une mauvaise réputation ne
sont pas une source de jouissances.

Il ne faut pas non plus employer *jouir* dans le sens de
maîtriser : on ne peut pas *jouir* de cet enfant.

312   OBSERVER. — Je vous fais *observer* que vous vous
trompez.

La signification la plus ordinaire de ce verbe est celle de
remarquer. Avez-vous *observé* ce passage ?

Quand il a cette application et qu'il est employé avec
un régime indirect de personne, il doit comme le verbe
remarquer, être précédé du verbe *faire*; ainsi, on ne
doit pas dire : je vous *observe que*, par la raison qu'on ne
dirait pas je vous *remarque que*. Faire une observation
à quelqu'un est également incorrect, on doit dire : *faire
faire* une *observation* à quelqu'un, ou *faire part* de son
observation à quelqu'un.

313   SE RAPPELER. — Je me *rappèle* cet événement.

Se rappeler étant un verbe transitif veut un régime direct. Il ne faut donc pas dire, ni : je *me rappèle* de cet

évènement, ni : je *m'en rappèle*, mais je *me le rap-pèle.*

Si *se rappeler* de quelque chose est une faute grave, *se rappeler d'avoir fait* quelque chose est une locution que l'usage a admise, avant l'infinitif l'emploi de la préposition *de* est autorisé.

314   DISPUTER. — Plusieurs villes se *disputent* l'honneur d'avoir donné le jour à Homère.

Disputer prend le pronom personnel dans le sens de prétendre concurremment *à*, et alors il est suivi d'un objet.

On se dispute la prééminence, un rang, un héritage ; employé dans le sens de se quereller, c'est une faute d'en faire usage avec le pronom personnel ; au lieu donc de dire ces enfans *se* sont long-temps *disputé,* il faut dire ils ont long-temps *disputé.*

CHAPITRE VII.

De la préposition à *comparé avec* de.

315   C'est à vous *à* jouer.

C'est à vous *de* jouer.

C'est à vous *à*, réveille une idée de tour.

C'est à vous *de*, une idée de droit ou de devoir.

C'est au maître *de* parler et au disciple *d'*écouter.

C'est à vous *à* parler après moi.

316   Louise *a oublié à* écrire.

On dit *oublier à* quand on a perdu l'usage, l'habitude de faire une chose, et *oublier de* quand il s'agit d'un manque de mémoire.

Ainsi, on oublie à écrire, à danser, en n'écrivant pas, en ne dansant pas ; et l'on oublie d'aller dans un endroit parce qu'on ne s'en est pas ressouvenu.

317   J'ai envoyé chez lui pour le *prier à* dîner.

Prier à dîner est une invitation de cérémonie, et *prier de* dîner est une invitation fortuite.

Il est venu me voir à l'heure du dîner, et je l'ai *prié de* dîner.

18 Dès que l'orateur *commença de* parler, on fit silence.

Commencer de, peint une action complète qui aura de la durée ; *commencer à* désigne une action qui aura du progrès, de l'accroissement.

Le jour *commence à* luire. Cet enfant *commence à* marcher.

319 *Saigner du nez.*

Au figuré, comme au propre, est la seule expression qui soit admise. Ne dites donc pas *saigner au* nez.

320 Par reconnaissance il nourrit un vieux cheval qui ne lui *sert de rien.*

Ce qui ne *sert de rien* ne peut être employé utilement ; et ce qui ne *sert à rien* aujourd'hui peut servir demain à quelque chose. Vous pouvez prendre mon cheval, car il ne me *sert à rien* aujourd'hui.

321 La lune *emprunte* sa lumière du soleil.

Emprunter employé au figuré pour *tirer*, veut que son complément médiat soit marqué par la préposition *de* ; dans le sens propre, ce complément prend préférablement la préposition *à*.

J'ai *emprunté* vingt francs *à* mon ami.

322 C'est la fête *de* ma mère.

La préposition *à* exprimant un rapport de possession, n'est plus usitée que dans quelques expressions consacrées, comme : la barque *à* Caron.

On ne doit pas dire c'est la fête *à* ma mère, c'est la chambre *à* mon père ; cependant on peut dire par ellipse : voilà une maison *à* mon père, c'est-à-dire qui appartient *à* mon père.

323 Les beaux jours sont *près de* revenir.

Il ne faut pas confondre *près de* avec *prêt à*.

D'abord, *près de* est une préposition qui signifie *sur le point de*, et *prêt à* est un adjectif, qui signifie *disposé à* ; ensuite *près* doit toujours avoir pour régime la préposition *de*, et *prêt*, la préposition *à*.

L'ignorance toujours est *prête à* s'admirer.

De la Préposition à.

324   *Atteindre* un certain âge.

Atteindre employé sans la préposition *à*, se dit des personnes en général, et des choses auxquelles on parvient sans difficulté, sans effort et pour ainsi dire malgré soi.

Atteindre suivi de la préposition *à*, se dit des choses auxquelles on ne peut parvenir qu'avec difficulté, et qu'en faisant des efforts dirigés vers elles :

Atteindre à la perfection.

325   On eut beau courir, on ne put pas *atteindre* ce filou.

Atteindre s'emploie aussi sans préposition dans le sens d'attraper.

Dans le sens de frapper : *atteindre* quelqu'un d'un coup de pierre.

Dans le sens d'égaler : il est difficile d'*égaler* Racine.

D'autres verbes ont, de même, selon le sens, un régime direct et un régime indirect : *aider, applaudir, insulter, commander, croire, servir, suppléer*, etc.

326   Vous *aimez à* travailler.

La préposition *à* doit toujours être placée entre le verbe *aimer* et l'*infinitif* qui lui sert de complément, excepté après *aimer mieux.*

J'*aime mieux* me promener.

Observations sur quelques prépositions.

327   Le plus tôt arrivé se place *avant* les autres.

Le plus considérable se place *devant* eux.

Avant a généralement rapport au temps et exprime aussi une priorité d'ordre ; cette préposition est opposée à *après*.

Devant a rapport au lieu, et est opposé à *derrière*.

328   Les ennemis se sont cantonnés *durant* l'hiver.

Durant exprime une durée continue.

Pendant marque un moment, une époque dans la durée.

Durant l'hiver indique que les ennemis sont restés cantonnés tant que l'hiver a duré ; et les ennemis se sont cantonnés *pendant* l'hiver, indique qu'ils ont fait choix de cette saison pour se cantonner, sans cependant qu'ils soient restés dans leurs cantonnemens tout l'hiver.

329   Vos gants sont *tombés à terre*.

Tomber à terre se dit de ce qui étant élevé au-dessus de terre, tombe d'en haut ; et *tomber par terre*, de ce qui touchant à terre, tombe de sa hauteur.

Un homme, par exemple, qui passe dans une rue et qui vient à tomber, tombe *par terre* ; mais un couvreur à qui le pied manque sur le toit, tombe *à terre*.

330   Le genre humain est injuste *envers* les grands hommes.

Vis-à-vis, dans le sens d'*envers*, est une locution vicieuse.

Vis-à-vis ne s'emploie que dans le sens propre : *vis-à-vis* de l'église, etc. ; il exprime un rapport de lieu, en face, à l'opposite ; dans le sens figuré, on se sert des prépositions *envers*, *à l'égard de*.

331   Le fil passe *à travers* l'aiguille.

L'aiguille passe *au travers* du drap.

A travers et *au travers* ont des sens très différens.

A travers désigne purement et simplement l'action de passer par un milieu qui vous laisse une ouverture ; et *au travers* désigne particulièrement l'action et l'effet de pénétrer dans un milieu dans lequel il faut se faire un passage.

A travers est toujours suivi d'un régime direct, et *au travers* l'est toujours de la préposition *de*.

332   J'ai lu *dans* le journal un conte amusant.

Ce serait une locution vicieuse de dire : j'ai lu *sur* le journal. Il en est de même de ces expressions :

Manger un morceau *sur* le pouce, dites : *sous* le pouce.

La clef est *après* la porte, dites : la clef est *à* la porte.

En outre *de cela*, dites : *outre cela*.

CHAPITRE VIII.

De l'Adverbe.

Alentour, auparavant, etc.

333   Les échos d'*alentour* répétaient son nom.

On emploie assez souvent, mal à propos, des adverbes avec des complémens ; ainsi, on doit dire : rôder tout *autour* d'une maison, et non pas *à l'entour*.

Avant vous et non pas *auparavant* vous.

Sur la table, et non pas *dessus* la table.

Hors du jardin, et non pas *dehors* du jardin.

334   Je l'ai cherché *dedans* et *dessous* la table.

Cependant *dedans, dessous, dehors*, etc., sont quelquefois accompagnés d'un régime ; c'est quand on met ensemble les deux opposés, et qu'on ne place le nom qu'après le dernier, ou bien s'ils sont précédés des prépositions *de, à, par*.

Il est riche, il est jeune, et *par-dessus* cela il est sage.

Otez cela *de dessus* le buffet.

335   *Aussitôt* mon arrivée, j'irai vous voir.

C'est une phrase vicieuse ; l'ellipse de la préposition *après* n'est pas encore autorisée ; il faut dire :

Aussitôt après mon arrivée, comme on dit immédiatement *après*.

Adverbes de comparaison.

Davantage, plus.

336   J'estime *plus* la science *que* la richesse.

Plus et *davantage* ne s'emploient pas toujours l'un pour l'autre ; *davantage* ne peut être suivi de la préposition *de*, ni de la conjonction *que* ; on ne dira point :

J'estime *davantage* la science *que* la richesse.

Davantage ne s'emploie bien qu'à la fin d'une phrase, comme : l'aîné est riche, mais le cadet l'est *davantage*.

337   De toutes les fleurs d'un parterre, la rose est celle *qui* me plaît *le plus*.

C'est encore mal employer *davantage* que de s'en servir pour *le plus* ; ainsi, la rose est celle qui me plaît *davantage*, serait une faute.

338   Il est modeste *autant* qu'instruit.

Si et *aussi* se joignent aux adjectifs, aux participes et aux adverbes.

Tant et *autant* accompagnent les substantifs et les verbes; on peut néanmoins employer *autant* au lieu de *aussi*, avec deux adjectifs séparés seulement par *que*.

On observera que *aussi* se place avant l'adjectif, et *autant* après.

339   Elle n'est pas *aussi* douce qu'elle *le* semble.

Après la conjonction *que*, qui est placée après *aussi* et autres adverbes, tels que *plus, moins*, il faut faire précéder cette conjonction de *le*, et ne pas dire :

Elle n'est pas aussi douce qu'elle semble.

340   Aristide était *aussi* vaillant *que* juste.

Les adverbes *aussi, autant, si* et *tant*, employés comme adverbes comparatifs, demandent *que* après eux et jamais *comme*, ainsi qu'on le disait autrefois.

341   L'amitié est une chose *si* précieuse qu'il ne faut pas la prodiguer.

Aussi et *autant* s'emploient dans les propositions affirmatives, et *si* et *tant* dans les négatives ; mais lorsque *si* et *tant* réveillent une idée d'extension, ils peuvent être employés dans les propositions affirmatives.

Elle a *tant* pleuré qu'elle a les yeux tout rouges.

Il a montré *aussi* un grand courage.

Aussi, dans le sens de *également, pareillement*, entre dans les propositions affirmatives, et *non plus* dans les propositions négatives.

Il n'a pas montré *non plus* un grand courage.

Tout de suite, de suite.

342   Il ne saurait dire deux mots *de suite*.

Il ne faut pas confondre ces deux expressions ; *de suite* signifie l'un après l'autre sans interruption ; *tout de suite* signifie incontinent, sur l'heure.

Il faut que les enfans obéissent *tout de suite*.

De l'usage des expressions négatives.

343   *Jamais* elle *ne* saura lire.

La négation s'exprime en français par *ne* ou *non.*

Les adverbes *pas*, *point*, *jamais*, *nullement*, la conjonction *ni*, les adjectifs *aucun*, *nul*, les pronoms indéfinis *personne*, *rien*, *pas un*, etc., improprement appelés négatifs, ne sont que des complémens de la négation dont ils sont presque toujours accompagnés.

344   Il *n'a cessé* de gronder.

On peut supprimer *pas* et *point* après les verbes *cesser*, *oser*, *pouvoir* et *savoir*. Ce ne serait pas une faute de dire : il *n'a pas cessé* de gronder ; mais c'est moins élégant. Si ces verbes n'ont pas pour complément un infinitif, ou lorsqu'ils sont employés sans complément, ils sont presque toujours suivis de *pas.*

     Dieu *ne* peut *pas* l'absurde.

345   De crainte qu'il *ne* perde son procès.

L'emploi ou la suppression de *pas* et de *point* change quelquefois le sens de la phrase. L'exemple ci-dessus donne à entendre qu'on désire que le procès soit gagné ; mais si on disait : de crainte qu'il *ne* perde *pas* son procès, on donnerait à entendre qu'on désire qu'il le perde. Dans ces phrases, le mot *ne* n'est pas négatif, mais il est seulement dubitatif.

346   *Prenez garde* que cet enfant *ne* tombe.

Si *prendre garde* signifie *prendre des précautions*, la proposition subordonnée a toujours *ne* ; il en est de même pour le verbe *empêcher*, parce que l'on prend des précautions pour qu'une chose ne soit pas, et non pas pour qu'elle soit.

     Mais si *prendre garde* signifie *faire attention*, *observer*, il est suivi d'une proposition positive ou négative selon le sens.

     Prenez garde de ne pas tomber serait une faute, parce que ici le sens est positif.

347   Peut-on *nier* que la santé *ne* soit préférable aux richesses.

Férand.

Les verbes *nier*, *douter* et leurs analogues, employés

négativement et interrogativement, exigent *ne* dans la proposition subordonnée, à moins qu'on ne veuille exprimer une chose incontestable sur laquelle on ne peut élever aucun doute.

> *Nier* que la puissance de Dieu *s'étend* à toutes choses, c'est un blasphême.
>
> Férand.

348   Il n'a *point* d'esprit.

Il n'a *pas* d'esprit ce qu'il en faudrait pour une telle place.

Il n'a *point* d'esprit signifie qu'il en est entièrement dépourvu, et il n'a *pas* d'esprit suppose qu'il n'est pas réellement sans esprit ; ainsi, *pas* annonce simplement la négative, *point* l'exprime avec beaucoup plus de force.

349   Il *ne* dort *pas*.

Pas convient mieux à quelque chose de passager et d'accidentel ; *point* à quelque chose de permanent et d'habituel.

On dira d'un homme qu'il ne dort *point*, pour faire entendre qu'il a une insomnie habituelle ; et qu'il ne dort *pas*, pour marquer qu'actuellement il est éveillé.

350   N'est-ce *point* vous qui me trahissez ?

Quand *pas* ou *point* entre dans l'interrogation, c'est avec des sens un peu différens ; l'exemple ci-dessus donne à entendre que ma question est accompagnée de quelque doute : mais si j'en suis persuadé, je dirai, par manière de reproche, n'est-ce *pas* vous qui me trahissez ?

351   *Point* de bonheur sans vertu.

Point se met quelquefois sans la négative, et alors il y a ellipse ; *pas* ne saurait être employé de cette manière.

352   Je *ne* cherche *point*, je ne veux *point* d'excuses.

La négation a différentes nuances ; la négation *ne* seule est une négation très faible ; elle désigne ordinairement de l'incertitude dans la volonté.

Ne pas est une négation plus forte ; elle tient le milieu entre *ne* et *ne point*, qui est la négation la plus prononcée.

Ces nuances sont faciles à saisir ; il suffit, pour les employer à propos, de se bien pénétrer de l'idée qu'on veut exprimer.

CHAPITRE IX.

Des Conjonctions.

Et, ni, que, etc.

353   La vertu *et* la science sont estimables.

La conjonction *et* sert à unir deux propositions affirmatives, ou à lier une proposition affirmative avec une proposition négative, comme : je plie *et* je ne romps pas.

354   Voyez les oiseaux du ciel, ils ne sèment *ni* ne moissonnent.

La conjonction *ni* s'emploie dans les propositions négatives.

355   Il ne faut être *ni* avare *ni* prodigue.

Observez que jamais avec *ni* répété il ne faut ni *pas*, ni *point* ; ainsi, on ne dira pas : il ne faut *pas* être *ni* avare *ni* prodigue.

Quand la conjonction *ni* n'est pas répétée, *pas* ou *point* peut se rencontrer avec *ni*.

356   Cet enfant est plus appliqué *que* vous.

La conjonction *que* est d'un grand usage et a plusieurs significations.

Elle est comparative, lorsqu'elle sert à lier les deux termes d'une comparaison.

357   On n'est heureux *que* loin du monde.

Que sert à restreindre le sens d'une proposition, et alors il est en général mis pour *seulement*.

358   Qu'avez-vous donc, dit-il, *que* vous ne mangez point.

BOILEAU.

Que après l'interrogation se met pour *puisque*.

359   Approchez, *que* je vous parle.

Enfin cette conjonction se met pour : *afin que*, *depuis que*, *cependant*, etc. Il y a deux ans *que* je ne l'ai vu.

360   Lorsqu'on a des dispositions et *qu'*on veut étudier, on fait des progrès rapides.

Que tient aussi la place d'une conjonction précédemment énoncée.

361   Je sortirai *quoiqu'*il pleuve.

Malgré que n'est plus d'usage qu'avec le verbe *avoir*, précédé de la préposition *en* : *malgré que* j'en eusse.

Dans tout autre cas, il faut remplacer *malgré que* par *quoique*.

362   *Pendant que* Rome était affligée de la peste, St-Grégoire le grand fut élevé sur le siége de St-Pierre.

Bossuet.

Durant que, à cause que, en cas que, ne sont plus en usage. On dit : *pendant que, parce que, au cas que.*

QUATRIÈME PARTIE.

De la Ponctuation.

363   La ponctuation est l'art de distinguer par des signes reçus les phrases entre elles, les sens partiels qui constituent ces phrases, et par conséquent les repos qu'on doit y observer.

Il y a trois sortes de signes :

1° Signes de division proprement dits :

La virgule (,), le point-virgule (;), les deux points (:) le point (.).

2° Signes modificatifs.

L'interjectif (!), l'interrogatif (?).

3° Signes auxiliaires de division.

Le suspensif (....), les parenthèses ( ), le tiret (—), le guillemet (»), l'alinéa.

CHAPITRE 1ᵉʳ.

Signes de division.

La Virgule.

364   La charité est *patiente, douce, bienfaisante*.

La virgule indique la moindre de toutes les pauses ; elle s'emploie pour séparer entre elles les parties semblables d'une même phrase, c'est-à-dire les sujets se rapportant au même verbe, les attributs se rapportant au même sujet, plusieurs verbes se rapportant au même sujet, etc.

365   Un style toujours noble *et* rapide distingue les écrits de Bossuet.
Thomas.

Si deux parties semblables d'une même phrase sont liées par une des conjonctions *et, ni, ou,* on ne place pas de virgule.

566   Nul n'est content de sa fortune, *ni* mécontent de son esprit.
Deshoulières.

Mais ces conjonctions sont précédées d'une virgule quand elles ne lient pas les parties similaires d'une phrase.

6

367 On a toujours raison ; le destin, toujours tort.

La virgule s'emploie' aussi pour remplacer le verbe qui est sous-entendu dans le second membre de la phrase.

368 Craignez, *repartit Mentor,* qu'elle ne vous accable de maux.
FÉNÉLON.

Toute phrase incidente se place entre deux virgules.

369 . . . . Le sort, **qui *toujours change,***
Ne vous a point promis un bonheur sans mélange.
RACINE.

On doit mettre entre deux virgules une proposition explicative, ou un complément adverbial qu'on pourrait retrancher ou transposer sans nuire au sens principal de la phrase.

370 *Tribuns,* cédez aux consuls.
VERTOT.

Lorsque le compellatif commence une proposition, il est toujours suivi d'une virgule ; s'il est au milieu des autres parties de la proposition, il est entre deux virgules ; et enfin, s'il termine la proposition, il doit être précédé d'une virgule.

Vous avez vaincu, *Plébéiens.*

371 *Un malheureux est une chose sacrée.*

Si une proposition est simple et sans inversion, elle doit s'écrire sans aucun signe de ponctuation.

Le Point-virgule.

372 Le bien de la fortune est un bien périssable ;
Quand on bâtit sur elle, on bâtit sur le sable.

Le *point-virgule* marque une pause plus forte que la virgule.

On doit séparer par le point-virgule deux propositions dont le sens est complet, mais dont l'une est la conséquence ou le développement de l'autre ; à moins qu'il n'y ait entre elles une liaison trop intime ; on emploie alors seulement la virgule.

373 Vante-t-on dans un poète la vigueur de l'âme, les sentimens sublimes, c'est Corneille ; la sensibilité du cœur, le style tendre et harmonieux, c'est Racine ; la molle facilité, la négligence aimable, c'est Lafontaine.
RADON-VILLIEU.

Le *point-virgule* sert à séparer des propositions formant une énumération ; surtout si ces propositions sont elles-mêmes subdivisées par des virgules.

Le deux-point.

374   En ce moment, je sentis mon cœur partagé ; j'étais touché de la naïveté de Neptolème, et de la bonne foi avec laquelle il m'avait rendu mon arc : mais je ne pouvais me résoudre à encore voir le jour, s'il fallait céder à Ulysse.

Le deux-point exprime un repos encore plus considérable que le point-virgule.

On l'emploie après une phrase finie, mais suivie d'une autre qui l'éclaircit ou qui sert à la développer.

375   Plaute a dit : le bien qu'on fait à d'honnêtes gens n'est jamais perdu.

On met le *deux-point* après qu'on a annoncé une citation ou un discours direct, qu'on va rapporter.

376   Du lait, du pain, des fruits, de l'herbe, une onde pure :
C'était de nos aïeux la saine nourriture.

On emploie le deux-point après une énumération, ou après une proposition qui annonce une énumération.

On demande quatre choses à une femme : que la vertu habite dans son cœur; que la modestie brille sur son front; que la douceur découle de ses lèvres, et que le travail occupe ses mains.

Le Point.

377   Le travail est souvent le père du plaisir.
Je plains l'homme accablé du poids de son loisir.
VOLTAIRE.

On met le *point* simple, soit à la fin d'une phrase isolée, soit à la fin des phrases d'un discours qui ont un sens tout-à-fait indépendant de ce qui suit, ou du moins qui n'ont de liaison avec la suite que pour la convenance de la matière, et l'analogie générale des pensées dirigées vers une même fin.

CHAPITRE II.

Signes modificatifs.
Point d'interrogation.

378   Qu'y a-t-il de plus rare ? un véritable ami.

Le *point interrogatif* se met à la fin de toute proposition qui interroge, soit par la forme, soit par le sens.

379   *Mentor demanda ensuite à Idoménée qu'elle était
la conduite de Protésilas dans ce changement
des affaires.*

On ne met pas le point d'interrogation dans les phrases
analogues à celle-ci, parce que l'interrogation n'est pas
directe.

Point exclamatif ou interjectif.

380   Oh ! qu'il est cruel de n'espérer plus !

Le *point exclamatif* ou *interrogatif* termine toutes les
phrases qui expriment la surprise, la terreur, la pitié, la
tendresse ou quelqu'autre sentiment que ce puisse être.

381   O cervelle indocile !

Le *point exclamatif* se place immédiatement après l'exclamation ; cependant *ô* ne prend point de ponctuation
immédiate ; de même, lorsque l'exclamation est répétée,
le *point exclamatif* ne se met qu'après la dernière exclamation : *oh , oh !*

CHAPITRE III.

Signes auxiliaires de division.

Le Point suspensif.

382   J'ai vu . . . . sans mourir de douleur,
J'ai vu . . . (Siècles futurs vous ne le pourrez croire !)
Ah! . . . . j'en frémis encore de dépit et d'horreur;
J'ai vu . . . mon verre plein, et je n'ai pu le boire.
SCARRON.

Les *points suspensifs* s'emploient lorsque les sentimens
qui oppressent l'ame, ne pouvant se faire jour tous en
même temps, on laisse échapper des phrases interrompues
et sans suite.

Cette ponctuation peut avoir lieu dans le genre sérieux
et dans le genre plaisant.

Le Tiret.

383 Est-ce assez ? dites-moi , n'y suis-je point encore ?
— Nenni ; — M'y voici donc ? — Point du tout ; — M'y voila ?
— Vous n'en approchez point.

LAFONTAINE.

Le *tiret* s'emploie pour éviter la répétition de dit-il, répondit-il , et pour annoncer le changement d'interlocuteur.

Les Guillemets.

384 Quel plaisir de penser et de dire en vous-même :
« Partout en ce moment on me bénit, on m'aime ;
« On ne voit point le peuple à mon nom s'alarmer ! »

Les guillemets sont deux sortes de virgules assemblées ; on les met devant le premier mot et avant chaque ligne d'un discours cité, et on les met également après le dernier mot du discours.

La Parenthèse.

385 Je croyais, moi (jugez de ma simplicité) ,
Que l'on devait rougir de la duplicité.

DESTOUCHES.

La *parenthèse* est une figure formée de cette manière ( ), qui s'emploie pour clore une espèce de note qui jète un trait de lumière dans la phrase où elle est interposée, ou qui y ajoute une idée qui ne s'enchaîne pas avec les autres.

L'Alinéa.

386 L'alinéa marque une division plus forte que le *point* et les autres signes de division. Il exige qu'on écrive à la ligne, et il a une rentrée, comme on le voit dans les passages cités plus bas , qui en donneront mieux l'idée que toutes les explications possibles.

L'empereur Lothaire, après avoir bouleversé l'Europe sans succès et sans gloire, se sentant affaibli, vint se faire moine dans l'abbaye de Prum. Il ne vécut dans le froc que six jours, et mourut imbécille après avoir régné en tyran.

A la mort de ce troisième empereur d'Occident, il s'éleva de nouveaux royaumes en Europe, comme des monceaux de terre après les secousses d'un grand tremblement.

Un autre Lothaire, fils de cet empereur, donna le nom de Lotharinge à une assez grande étendue de pays, nommée depuis par contraction Lorraine, entre le Rhin, l'Escaut, la Meuse et la mer. Le Brabant fut appelé la Basse-Lorraine; le reste fut connu sous le nom de Haute. Aujourd'hui, de cette Haute-Lorraine il ne reste qu'une petite province de ce nom, engloutie depuis peu dans le royaume de France.

Voltaire.

FIN.

Table.

4ᵉ PARTIE.

www.ingramcontent.com/pod-product-compliance
Ingram Content Group UK Ltd.
Pitfield, Milton Keynes, MK11 3LW, UK
UKHW021745090726
13657UKWH00002B/927